JN085062

リテールマーケティング
（販売士）検定試験の徹底研究

1 試験の内容

　従来，販売士検定試験1級は筆記試験と面接試験から構成されていましたが，面接試験は平成25年度の第41回（平成26年2月19日施行）をもって廃止となりました。よって，平成26年度の第42回（平成27年2月18日施行）からは筆記試験のみが実施されています。

　ところが，2020年初めから新型コロナウイルスの感染が拡大したことで，2020年7月実施のリテールマーケティング（販売士）検定試験（2級と3級）が中止になりました。このため，同試験の実施団体である日本商工会議所は多くの学習者が受験機会を喪失することになったことを重く受けとめ，新型コロナウイルス感染症だけでなく，自然災害などの不測の事態に対応すべく，2021年7月28日からリテールマーケティング（販売士）検定試験（1級〜3級）をネット試験に切り替えました。

　従来，リテールマーケティング（販売士）検定試験1級は毎年1回，2月にしか受験機会はありませんでしたが，ネット試験の導入により，自分の都合のよい日，都合のよい時間帯に受験可能となりました。

（1）試験科目

　次の5科目です。

　①小売業の類型　　　　②マーチャンダイジング
　③ストアオペレーション　　④マーケティング
　⑤販売・経営管理

（2）出題形式

　各科目とも，択一式穴埋問題　小問10問
　　　　　　　　記述式穴埋問題　小問10問

　よって，5科目合計で小問が100問出題されます。

　※「記述式穴埋問題」は，問題文中の空欄に，最も適当な語句・短文を入力する形式です。

スイスイうかる

販売士

（リテールマーケティング）

1級

問題集

part 2

TAC販売士研究会

TAC出版
TAC PUBLISHING Group

は じ め に

　近年，流通業界をとりまく環境は，顧客ニーズの多様化・細分化，IT化の著しい進展などにより大きく変化しています。そのため，販売士検定試験の内容をこうした時代の変化に対応させようと試験の科目体系の抜本的見直しが行われました。この結果，販売士３級は平成18年度，販売士２級は平成19年度，販売士１級は平成20年度から，新しい科目体系にもとづき出題されています。また，平成27年度試験から，「販売士検定試験」は「リテールマーケティング（販売士）検定試験」に呼称変更されました。

　2020年初めから新型コロナウイルスの感染が拡大したことから，2020年７月実施のリテールマーケティング（販売士）検定試験は中止になりました。同試験の実施団体である日本商工会議所は多くの学習者が受験機会を喪失することになったことを重く受け止め，新型コロナウイルス感染症だけでなく，自然災害などの不測の事態に対応するため，2021年７月28日からリテールマーケティング（販売士）検定試験をネット試験方式に切り替えました。

　リテールマーケティング（販売士）検定試験の大きな特徴は，学習教材である『ハンドブック』にもとづき試験問題が作成されていることです。つまり，リテールマーケティング検定試験に出題される問題の大部分は『ハンドブック』に記載されている内容がそのまま出されるか，あるいはそれをベースに問題が作成されています。したがって，『ハンドブック』以外の他の専門書等で受験勉強をしても非常に効率の悪いものとなります。

　ところが，１つ大きな問題が生じます。それは，学習教材である『ハンドブック』は２分冊から成り，これらの合計ページはＢ５判（本の大きさ）で595ページもあることと，学習者からすると，そこに書かれている内容をしっかり把握することが難しいということです。

　そこで，こうした読者の悩みを解決するため，『ハンドブック』に準じ，それをコンパクトに凝縮した問題集を発行することにしました。"問題を解き，その解説を読む過程で，重要なこと・ポイントを１つひとつ理解し，覚えていこう"というものです。内容構成も『ハンドブック』に準じているので，全体像を自分なりにイメージできるはずです。

CONTENTS
リテールマーケティング(販売士)検定1級問題集 Part 2〈マーチャンダイジング〉

(3)試験時間

休憩なしで90分。

① 小売業の類型
② マーチャンダイジング
③ ストアオペレーション ｝ 90分
④ マーケティング
⑤ 販売・経営管理

(4)科目合格について

　1級試験の場合，不合格になっても70点以上取得した科目は「科目合格」が適用されます。有効期限は，科目合格をした受験日の属する年度の翌年度末までです。

（例）2022年11月に受験し，「マーチャンダイジング」科目を科目合格した場合，2024年3月末まで科目合格が適用されます。なぜなら，2022年11月に受験したので，受験した年度は2022年度となります。有効期限は，受験した日の属する年度の翌年度末なので，2022年度の翌年度は2023年度となり，その年度末は2024年3月末となります。2023年度とは，2023年4月初めから2024年3月末までのことです。

※試験申込時に，合格済みの科目のみ科目別合格証明書またはスコアボードの画像を必要数すべてマイページから登録すること。

　なお，科目合格者の試験時間は，5科目受験者と同様に90分です。ただ，試験終了時間前にやめることは可能で，その時は終了ボタンと印刷ボタンを押します。

(5)合格基準

　各科目70点以上であること。つまり，合格するためには，5科目すべての得点がそれぞれ70点以上必要です。

❷ 受験の手引き

(1)受験資格

　学歴，年齢，性別，国籍等による制限はありません。

(2) 試験の方法

試験会場のパソコンを使用し，インターネットを介して試験が実施されます。

(3) 試験申込・試験日時

各試験会場が定める試験日時と受験者の都合を調整して，決めることになっています。

① インターネット申込方式

以下の株式会社 CBT-Solutions のリテールマーケティング（販売士）検定試験申込専用ページから，受験会場を選び，空いている日時で試験を予約できます。

これまでの統一試験日（1 級は年 1 回）での実施と異なり，随時受験が可能です。（試験日の変更，領収書の発行については，株式会社 CBT-Solutions に相談ください）

https://cbt-s.com/examinee/examination/jcci_retailsales

② 会場問い合わせ方式

以下の商工会議所検定ホームページ内の「商工会議所ネット試験施行機関」検索ページから，試験会場を選択し，各試験会場へ直接申込んでください。

https://links.kentei.ne.jp/organization

(4) インターネット申込方式の手順

随時，受験が可能です。その手順は次の通りです。なお，スマートフォンからの申込みは可能です（ガラパゴスケータイは不可）。

① 株式会社 CBT-Solutions のリテールマーケティング（販売士）検定試験申込専用ページ(https://cbt-s.com/examinee/examination/jcci_retailsales)にアクセスします。

② ユーザ ID とパスワードを取得し，受験者登録を行います。これにより，マイページ（受験者専用ページ）が作成できます。

③ ログインし，希望の試験（1 級，2 級，3 級）を選択します。試験会場を選び，空いている日時で試験を予約します。

なお，受験日・会場の変更・キャンセルはマイページから受験日の 3 日前（例・受験日が 21 日の場合は 18 日）まで可能です。

(5)受験料

1級－7,850円（税込）

※上記の受験料の他に，別途，事務手数料として，受験者1名あたり550円（税込）がかかります。

(6)試験当日の持ち物

・本人確認証　　・電卓

※持ち込み可能な電卓は計算機能（四則演算）のみのものに限ります。

3 試験の実施状況

下表に示されるように，統一試験は2021年2月でもって終了し，2021年7月28日以降は，ネット試験が実施されています。

〔統一試験〕

回	受験者数	実受験者数	合格者数	合格率
85回（2020・2・19）	1,133名	909名	194名	21.3％
87回（2021・2・17）	836名	695名	174名	25.0％

〔ネット試験〕

期　間	受験者数	実受験者数	合格者数	合格率
2021・7・28〜 2022・3・31	844名	795名	137名	17.2％
2022・4・1〜 2022・9・30	530名	485名	86名	17.7％

2 | ネット試験の概要

■ 択一式穴埋問題の出題形式

下に示されてあるように，「次の各問の〔　〕の部分にあてはまる最も適当なものを選択肢から選びなさい」というものです。そして，〔　〕にあてはまるものが，たとえば「売上高予算」と思ったら，その左側にある。の穴をマウスでクリックします。すると，穴が黒くなります。

次の各問の〔　〕の部分にあてはまる最も適当なものを選択肢から選びなさい。

商品予算は，売上高予算，在庫高予算，減価予算，値入高予算，仕入高予算から編成されている。ただ，〔　〕は他の予算と異なり，他の予算が決まると，これらをもとに自動的に計算することになる。

- ○　売上高予算
- ○　在庫高予算
- ○　値入高予算
- ○　仕入高予算

○解答状況　○再考する　○前の問題へ　○次の問題へ

解答が終了すると，最下段に「◦解答状況」「◦再考する」「◦前の問題へ」「◦次の問題へ」という4つのボタンが並んでいるので，これらのうちどれかを選んで，◦の穴をマウスでクリックします。

「◦次の問題へ」のボタンを押すと，下のような問題がパソコン画面に出ます。ネット試験では合計100問出題されますが，下に示されてあるように，パソコン上の1画面には問題1問だけが掲載されています。

```
┌─────────────────────────────────┐
│ 問題1問でパソコン画面が1画面         │
└─────────────────────────────────┘
      ↓                ↓
```

次の各問の〔　　〕の部分にあてはまる最も適当なものを選択肢から選びなさい。

2021年前期において，N店の売上原価が14,431万円，期首在庫高（原価）が3,393万円，期末在庫高（原価）が2,538万円であった。この場合，2021年前期の純仕入高（原価）は〔　　〕万円であったといえる。

- ◦　12,783
- ◦　13,576
- ◦　14,092
- ◦　15,286

◦解答状況　　◦再考する　　◦前の問題へ　　◦次の問題へ

画面の最下段にある「。解答状況」を押すと，5科目すべての解答状況（解答状況一覧）を示す画面に切り替わります。

下の「小売業の類型」と「マーチャンダイジング」はその一部を示したものです。「解答状況」は「解答済」「未解答」「再考」「解答中」の4つに分けられ，それらが色分けして表記されています。たとえば，「解答済」は青，「未解答」は赤，「再考」は黄，「解答中」は黒というように。

〔小売業の類型〕

1	2	3	4	5	6	7	8	9	10
青	青	青	青	赤	青	青	青	黄	青

青→解答済

赤→未解答

11	12	13	14	15	16	17	18	19	20
青	黄	青	青	青	青	青	赤	青	青

黄→再考

黒→解答中

〔マーチャンダイジング〕

1	2	3	4	5	6	7	8	9	10
青	青	赤	青	青	青	黄	黄	青	青

青→解答済

赤→未解答

11	12	13	14	15	16	17	18	19	20
青	赤	赤	青	黄	青	青	黒	赤	赤

黄→再考

黒→解答中

なお，たとえば，マーチャンダイジングの18番を解いていて，未解答にしていたマーチャンダイジングの問題3を解いてみようと思ったら，「解答状況」の穴をクリックし，「解答状況一覧」に切り替え，そこでマーチャンダイジングの3番のボタンを押してください。

2 記述式穴埋問題の出題形式

　次ページにあるように,「次の各問の〔　　〕の部分にあてはまる最も適当な語句・短文を記入しなさい」というものです。そして,〔　　〕にあてはまるものが,たとえば「業種割引」と思ったら,その下にある ▢▢▢▢ の中に,キーボードを使って,「業種割引」と入力します。もちろん,記入した解答を後で訂正することはできます。一応解答はしたものの,後で「再考」したいと思ったら,画面の最下段にある「○ 再考する」をクリックしておくとよいでしょう。

　次ページのパソコン画面の「最上部」を見てください。ここには,「リテールマーケティング(販売士)1級」「37／106」「65：53」となっています。「リテールマーケティング(販売士)1級」は,「1級の販売士試験」であることを示しています。「37／106」は,全部で106画面ありますが,この画面は最初から数えて37番目の画面であることを示しています。ただし,これは試験内容と直接関係はありません。「65：53」は,試験の残り時間が65分53秒であることを示しています。

　また,その下の「マーチャンダイジング11／20問」は,下の問題は「マーチャンダイジング」の問題で,この問題は「マーチャンダイジング」の問題20問のうち,11番目の問題であることを示しています。

　P10とP11の問題は,「マーチャンダイジング」の問題のうちの「択一式穴埋問題」であるので,パソコン画面上には「マーチャンダイジング1／20問」「マーチャンダイジング2／20問」などと書かれています。

　「択一式穴埋問題」のときは各問題とも,「次の各問の〔　　〕の部分にあてはまる最も適当なものを選択肢から選びなさい」という問題設定ですが,「記述式穴埋問題」は各問題とも,「次の各問の〔　　〕の部分にあてはまる最も適当な語句・短文を記入しなさい」という問題設定です。

正　解	
第1問 (商品予算は……)	正解 仕入高予算
第2問 (2021年前期……)	正解 13,576
第3問 (〔　　〕とは……)	正解 業種割引

↓　　　　　　　↓

リテールマーケティング（販売士）１級　　37／106　　65：53

マーチャンダイジング　11／20問

次の各問の〔　　〕の部分にあてはまる最も適当な語句・短文を記入しなさい。

〔　　〕とは，機能割引ともいわれ，メーカーが卸売業や小売業が果たしている機能を評価したうえで，販売価格を割り引くもので，一般に小売業よりも卸売業のほうが割引率が高い。

。解答状況　。再考する　。前の問題へ　。次の問題へ

3 本書の特長と利用法

■ 「正誤問題」を中心に掲載した

従来，リテールマーケティング（販売士）1級の出題形式は「正誤問題」「択一問題」と「記述式問題」の2つのタイプから構成されていました。

ところが，ネット試験の導入により，販売士1級の出題形式は「択一式穴埋問題」と「記述式穴埋問題」の2つのタイプに変更されました。「択一式穴埋問題」はP10とP11，「記述式穴埋問題」はP14に掲載されています。

P10に掲載した問題は「商品予算の編成」に関するものですが，その類似問題がP62に掲載した「商品予算管理に関する正誤問題」です。

P10に掲載した問題から得られる知識は，「仕入高予算だけは，売上高予算，在庫高予算などが決まれば，これらをもとに自動的に仕入額が決まる」ということです。一方，P62に掲載した問題からは，それ以外にも，商品予算の編成などに関する多くの知識を学ぶことができます。つまり，1つの問題から多くのことを学ぶためには，従来のような「正誤問題」を作成し，それを解くことが早道ということです。

したがって，本書では，従来のような「正誤問題」「択一問題」を中心に掲載しました。

■ 「ハンドブック」の内容にもとづいた問題作成

リテールマーケティング（販売士）検定試験の問題は，学習教材であるハンドブックの内容にもとづいて作成されています。したがって，本書の問題もハンドブックの内容に忠実に問題を作成しました。

たとえば，『販売士ハンドブック（発展編）①小売業の類型 ②マーチャンダイジング リテールマーケティング（販売士）検定試験1級対応』のP145に次のような記述があります。

「小売業は，効率的なマーチャンダイジング活動を行うにあたり，主要顧客に適合する基本的な商品構成を決定する。……」

本書では，この箇所をもとに次のような問題を作成しました。

□ 次のア〜オは，商品構成の基本原則に関して述べたものである。正しいものには1を，誤っているものには2を記入しなさい。

　ア　小売業は，効率的なマーチャンダイジング活動を行うため，あらゆる顧客層に適合する商品構成を検討する必要がある。

　イ　………

アの答えは当然2となります。なぜなら，ハンドブックでは「主要顧客に適合する基本的な商品構成を決定する」と述べています。つまり，"あらゆる顧客層"ではなく，"主要顧客層"をターゲットにすべきということです。

販売士検定試験の場合，ハンドブックにもとづいて問題を作成しているので，上記の箇所を使って問題を作成した場合，上のアのような内容になると考えられます。つまり，本書に記載されていることを理解するということは，間接的に，ハンドブックに記載されていることを理解することになります。

③ 「ハンドブック」の内容構成と同じ

ハンドブックは，『販売士ハンドブック（発展編）①小売業の類型　②マーチャンダイジング』（上巻）と，『販売士ハンドブック（発展編）③ストアオペレーション　④マーケティング　⑤販売・経営管理』（下巻）の2分冊から成ります。しかし，本シリーズでは，その構成を，『Part 1〈小売業の類型〉』『Part 2〈マーチャンダイジング〉』『Part 3〈ストアオペレーション〉』『Part 4〈マーケティング〉』『Part 5〈販売・経営管理〉』の5分冊としました。おそらく，学習者からすれば，5分冊で勉強する方が気分もよいし，効率もアップするものと考えます。

ハンドブックの「マーチャンダイジング」の内容構成は，「第1章　マーチャンダイジング戦略の概論」〜「第6章　物流システムの実際」となっています。これについて，本シリーズはハンドブックと同じものとなっています。

ハンドブックの「第1章　マーチャンダイジング戦略の概論」は，「第1節

カテゴリーマネジメントの機能と役割」と「第2節　小売業におけるカテゴリーマネジメントの実際」の2つの節から構成されていますが，本シリーズはこれを「実力養成問題　カテゴリーマネジメントの機能と役割」「実力養成問題　小売業におけるカテゴリーマネジメントの実際」という形式で表しました。

　おそらく，これにより読者も安心して，本書に取り組めると思います。

4　わかりやすい解説

　本書の大きな特長の1つは解説が充実していることです。本書の最初の問題と，その解説のごく一部を下に示しました。

実力養成 問 題　カテゴリーマネジメントの機能と役割（1）

□ 次の文中の〔　　〕の部分に，下記の語群のうち最も適当なものを選びなさい。

　　カテゴリーマネジメントとは，〔ア〕に合わせて設定した小売業固有のカテゴリーを戦略的〔イ〕として位置づけ，棚割などの売場づくりや，〔ウ〕管理，価格設定，プロモーション，ロジスティクスなどを，そのカテゴリー単位で〔エ〕化するビジネスプロセスである。そのねらいは，カテゴリー単位の売上高と〔ウ〕の両目標を追求するマーチャンダイジング展開にある。

　　このようにカテゴリーマネジメントは，特定の〔ア〕をひとかたまりの商品グループとして販売および管理できるという点で，〔オ〕を重視するメーカーよりも小売業のほうに必要不可欠な戦略的管理手法である。

〈語　群〉
①商品群　　　②利益　　　　③顧客ニーズ
④ブランド　　⑤統合　　　　⑥売れ筋商品
⑦単純　　　　⑧品質　　　　⑨ターゲット
⑩ビジネスユニット

　　カテゴリーマネジメントの特徴は，売場での管理の対象は単品ではなく，
商品カテゴリーであるということ。別言すれば，"ひとかたまりの商品"ごと
に売場を管理するというものである。"ひとかたまりの商品"ごとに売場を管
理すると，たとえば生活シーンにもとづいた品ぞろえが可能になり，消費者
の利便性を高めることができる。また，関連購買による客単価増も実現でき
るため，売上増加と利益増加の両方を実現できる。

　上記のような択一問題の場合，すぐに 正解 をみて，〔ア〕～〔オ〕の空欄を
埋めていくとよいでしょう。そして，これを一読します。

　次に， 解説 をみると，「カテゴリーマネジメントの特徴は，売場での管理
の対象は単品ではなく，商品カテゴリーであるということ。別言すれば，"ひ
とかたまりの商品"ごとに売場を管理するというものである」と記述してあり
ます。「管理の対象は単品ではなく，商品カテゴリーである」「"ひとかたまり
の商品"ごとに売場を管理する」というフレーズから，おそらく，カテゴリー
マネジメントがどういうものか理解できると思います。

5 "記述式問題"の対策もできる

　1級販売士検定試験の大きな特徴は，"記述式"の問題が出題されることです。
ネット試験の導入により，記述式の出題形式は大きく変わりました。
　そこでまずは，従来の記述式の出題形式を見てみましょう。
　第87回販売士検定試験で出題されたテーマは次の通りです。

●販売予測の方法のうち，①目安法，②最小自乗法について，それぞれの方法を2～3行程度で説明しなさい。

①目安法 _____

_____

②最小自乗法 _____

_____

●粗利益貢献度分析と交差比率貢献度分析について，それぞれの意味を相違がわかるように3行程度で説明しなさい。

_____

_____

_____

上記の2問を見てわかるように，出題テーマは受験者が比較的書きやすいものが選ばれていました。

一方，ネット試験の記述式穴埋問題は先に示したように，下記のような問題です。

●次の各問の〔　　〕の部分にあてはまる最も適当な語句・短文を記入しなさい。

〔　　〕とは，機能割引ともいわれ，メーカーが卸売業や小売業が果たしている機能を評価したうえで，販売価格を割り引くもので，一般に小売業よりも卸売業のほうが割引率が高い。

_____

上問の〔　〕には，「業種割引」が入ります。十分準備している人は「業種割引」を記入するのは簡単だと思われます。

しかし，〔　〕が「機能割引」の箇所に設けられたらどうでしょうか。問題の難易度は少し上がります。

さらに，〔　〕が「割引率が高い」の箇所に設けられたらどうでしょうか。問題の難易度はさらに上昇します。

つまり，〔　〕がどの箇所にあるかによって問題の難易度が変わってくるので，その点を頭に入れながら，記述式穴埋問題の対策をしましょう。

⑥　巻末にネット試験の模擬テストを掲載

ネット試験は，「択一式穴埋問題」10問，「記述式穴埋問題」10問の2本立てです。

本書の本文には，従来の「正誤問題」「択一問題」と「記述式穴埋問題」は掲載してありますが，「択一式穴埋問題」は掲載していません。その理由は，従来の「正誤問題」「択一問題」と「記述式穴埋問題」でトレーニングを積めば，おのずと「択一式穴埋問題」を解く実力が身につくと考えたからです。

ネット試験の模擬テストに取り組む際に注意してもらいたいことは次の点です。

・制限時間を守ること。ただし，得意，不得意科目があると思うので，不得意科目の場合は制限時間を5分程度オーバーしてもOKです。

・解ける問題はスイスイ解いていけばOKですが，問題は"後で処理したい問題"をどうするかということ。人によっては，その場で決着をつける方が結果はよいという人もいるので，この模擬テストを通じて自分にとってベターはどちらかを考えてみましょう。

・模擬テスト1が終了し，自己採点が終わった後で，模擬テスト2に取り組むこと。決して，模擬テスト1と模擬テスト2を同時に行わないこと。どのようなペースで問題を解いていけばよいかを知っておくことは大切です。

マーチャンダイジング戦略の概論

カテゴリーマネジメントの機能と役割（1）
カテゴリーマネジメントにおけるカテゴリーの概念

□ 次の文中の〔　　〕の部分に，下記の語群のうち最も適当なものを選びなさい。

　　カテゴリーマネジメントとは，〔ア〕に合わせて設定した小売業固有のカテゴリーを戦略的〔イ〕として位置づけ，棚割などの売場づくりや，〔ウ〕管理，価格設定，プロモーション，ロジスティクスなどを，そのカテゴリー単位で〔エ〕化するビジネスプロセスである。そのねらいは，カテゴリー単位の売上高と〔ウ〕の両目標を追求するマーチャンダイジング展開にある。

　　このようにカテゴリーマネジメントは，特定の〔ア〕をひとかたまりの商品グループとして販売および管理できるという点で，〔オ〕を重視するメーカーよりも小売業のほうに必要不可欠な戦略的管理手法である。

〈語　群〉
①商品群　　②利益　　　③顧客ニーズ
④ブランド　⑤統合　　　⑥売れ筋商品
⑦単純　　　⑧品質　　　⑨ターゲット
⑩ビジネスユニット

POINT!! 解説 »»

　　カテゴリーマネジメントの特徴は，売場での管理の対象は単品ではなく，商品カテゴリーであるということ。別言すれば，"ひとかたまりの商品"ごとに売場を管理するというものである。"ひとかたまりの商品"ごとに売場を管理すると，たとえば生活シーンにもとづいた品ぞろえが可能になり，消費者の利便性を高めることができる。また，関連購買による客単価増も実現できるため，売上増加と利益増加の両方を実現できる。

　　なお，カテゴリーマネジメントの対象は"売場づくり"だけではなく，問題文に書いてあるように「利益管理，価格設定，プロモーション，ロジスティクスなど」をも含むものである。

　　また，戦略的ビジネスユニット（Strategic Business Unit）とは，個別の戦

図　小売店のスペース管理

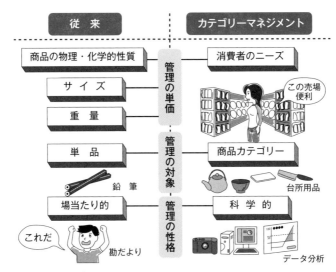

出所：野口智雄『マーケティングの先端知識』(日本経済新聞社)

略を遂行する事業単位のことである。

補足

　ハンドブックでは，"カテゴリー"に関して次のように述べている。

　ここでいうカテゴリーの概念とは，小売業がターゲットとする顧客層の悩みを解消したり，欲求を満足させたりするために，相関性や代替性があると明確に判断できる管理可能な商品グループを指している。

　カテゴリーの捉え方には，次のようなポイントがある。

①主要顧客層の悩みを解決する要因(商品の機能)や欲求を満たすニーズは，何であるかを明確にすることである。

②顧客の立場から相関性や代替性がある商品を集めてグループ化することである。

③小売業が品ぞろえから販売までの広範囲なマーチャンダイジングを明確に管理でき，その結果を検証しやすいように分析できる商品グループ化にする。

正　解　☐ ア③　☐ イ⑩　☐ ウ②　☐ エ⑤　☐ オ④

□ 次のア〜オは, カテゴリーマネジメントに関する記述である。正しいものには1を, 誤っているものには2を記入しなさい。

ア カテゴリーマネジメントの取組み手順は, まずメインターゲットを設定し, 次にカテゴリーごとに定義と役割を設定することなど, 合計5段階からなる。

イ カテゴリーマネジメントの機能と役割は, 計画的購買商品群 (デスティネーションカテゴリー), 必需的購買商品群 (ルーティーンカテゴリー), 時期的購買商品群 (オケージョナルカテゴリー) の3つに集約できる。

ウ 計画的購買商品群は, わざわざ店舗を選択する要因となっている目的来店性の強い商品群 (カテゴリー) であり, コア・カテゴリーともいう。

エ 必需的購買商品群は, 一般の消費者に対して, 低回転商品に関しても気軽に購入できる便利な小売店として認識されるためのカテゴリーである。

オ 時期的購買商品群は, 主要購買者層に対し, 特定時期に特定商品の主要提案者として適切に商品を提供できるカテゴリーである。

POINT!! 解説

ア:ハンドブックでは, カテゴリーマネジメントの取組み手順は原則として次の5段階からなるとしている。

①メインターゲットの設定

自店にとっての本当の顧客は誰なのかを明確にする。

②カテゴリーの定義と役割の設定

1つひとつのカテゴリーをわかりやすく定義し, カテゴリーごとに小売業の目的と顧客ニーズに合致した役割を当てはめる。

③購買促進企画の作成

どのような方法で購買促進することで, 年間にどの程度の売上と利益を確保するべきかを企画する。

④サプライヤーとのパートナーリング

　カテゴリーごとに主要取組メーカーの中から，カテゴリーマネジメントの中核となるカテゴリーのリーダー（主にブランド）を決め，ともにカテゴリーデータの収集やカテゴリーの販売計画策定，そして棚割などの検討を行う。

⑤業績の評価・分析

　カテゴリーごとに評価・分析を行い，売上高と利益の拡大に努める。

イ：これらのほかに，補完的購買商品群（コンビニエンスカテゴリー）がある。

ウ：コア・カテゴリーともいわれるのは，必需的購買商品群である。

　計画的購買商品群は，小売業が消費者から商品提案者として認識してもらえる差別的，または個性的カテゴリーである。

エ：必需的購買商品群ではなく，補完的購買商品群が正しい。

　必需的購買商品群は，主要購買者層の日常的欲求に応えられる商品提案者として認識してもらえる普遍的カテゴリーである。

オ：時期的購買商品群は，単に季節商品を指すのではなく，新入学時に必要なステーショナリー（文具類）商品や通学用シューズなどの時期的商品を指し，シーゾナルカテゴリーということもある。

表　4つのカテゴリーの役割・目的　（試験に出た！）

計画的購買商品群（デスティネーションカテゴリー）	・小売業のイメージ（個性）を定義する。 ・標的顧客にとって重要な（目的来店性の強い）カテゴリーと位置づける。 ・利益を伸ばすためのすべてのカテゴリーの牽引車であること。
必需的購買商品群（ルーティーンカテゴリー）	・日々の生活に必要とする商品群であり，顧客にとって欠かすことのできないカテゴリーと位置づける。 ・売上高や利益と，提供価値とのバランスをとる。
時期的購買商品群（オケージョナルカテゴリー）	・売場の新鮮さ，活気を演出する。 ・通常，収益よりも集客を意図するカテゴリーと位置づける。 ・クリスマス，新学期，催事の売場づくりなどに活かすこと。
補完的購買商品群（コンビニエンスカテゴリー）	・顧客のついで買いによる購買点数と売上高の増加を促す。 ・品ぞろえ幅が充実しており，ワンストップショッピングのできる店舗であるというイメージを強化する。 ・売上高の増加に貢献するカテゴリーと位置づける。

出典：『戦略的カテゴリーマネジメント』（日本経済新聞社）をもとに作成
出所：『販売士ハンドブック（発展編）』

正解　□ ア 1　□ イ 2　□ ウ 2　□ エ 2　□ オ 1

小売業におけるカテゴリーマネジメントの実際 (1)
小売業におけるカテゴリーマネジメントの取組み (1)

□ 次の文中の〔　〕の部分に，下記の語群のうち最も適当なものを選びなさい。

　　カテゴリーマネジメントとは，個々の〔ア〕や品群（ライン）単位の業績ではなく，通常，〔イ〕単位で構成したカテゴリーや〔ウ〕のシーンなどで構成したカテゴリーを単位とした業績に焦点を絞り，それらカテゴリーごとに販売促進や〔エ〕などを行う戦略的ビジネス概念である。

　　カテゴリーマネジメントのアプローチは，特定したカテゴリーごとに戦略的ビジネスユニットを編成し，顧客ニーズに適合した品ぞろえと価格などを提供し，それによって当該カテゴリーにおける売上および〔エ〕の目標達成をねらいとする。

　　商品分類から構成するカテゴリーは，店舗の規模や販売商品の専門性の程度などによって異なる。しかし，一般的には，〔オ〕レベルよりは広く，部門（デパートメント）レベルほど広範囲ではなく，〔イ〕レベルに近い分類基準といえる。

〈語　群〉

①品目　　　②グループ　　③消費動向　　④大分類
⑤利益管理　⑥ブランド　　⑦価格　　　　⑧品種
⑨購買行動　⑩ライフスタイル

POINT!! 　解説

　　カテゴリーマネジメントに対する理解を深めるために，上文を掲載した。ポイントの1つは，カテゴリーマネジメントとは，"ひとかたまりの商品"ごとに販売促進や利益管理を行う戦略的ビジネス概念ということ。したがって，エには利益管理が入ることになる。

　　ポイントの2つ目は，カテゴリーマネジメントは「クスリ」や「化粧品」といった大分類による売り方ではなく，商品を品種（クラス）でとらえるということ。

正解　□ ア⑥　□ イ⑧　□ ウ⑩　□ エ⑤　□ オ①

実力養成 問題

小売業におけるカテゴリーマネジメントの実際 (2)
小売業におけるカテゴリーマネジメントの取組み (2)
カテゴリーマネジメント実施上のポイント

□ 次のア～オについて，正しいものには1を，誤っているものには2を記入しなさい。

ア　小売業が販売すべき商品をある基準でカテゴリー化する際には，顧客にとって商品グループの特色がわかりやすい分類になっていることが重要である。

イ　顧客に取扱商品の特色をわかりやすく伝えるためには，業種型やメーカー型の商品カテゴリーではなく，さまざまなライフスタイルのシーンに適合したサブカテゴリーに細分化することが重要となる。

ウ　カテゴリーマネジメントの実施においては，「加工食品」「一般用医薬品」といったカテゴリーを経営の柱とすると同時に，それらを販売・管理するためのスペースマネジメントに反映し，カテゴリーごとに売上高および利益の最大化をはかることが重要である。

エ　小売業がカテゴリーマネジメントを効果的に実践するためのポイントの1つは，品目レベルの品ぞろえの中から単品を選択してもらうことである。

オ　カテゴリーマネジメントは，小売業やサプライヤーが自らカテゴリー別に定めた業績目標の達成度を高めるためのもので，中・長期的な戦略目標の実現を意図した戦略的管理システムとは無関係である。

POINT!! 解説

ア：顧客にとって商品グループの特色がわかりやすい分類でないことには，カテゴリーマネジメントにはならない。

イ：たとえば，「胃腸薬」というカテゴリーをライフスタイル面から細分化（サブカテゴリー）すると，「食欲不振対策」「食べ過ぎ・飲み過ぎ対策」「二日酔い対策」などのシーンに分けることができる。このようにライフスタイル面から細分化することで，消費者に及ぼすインパクトは大きいものとなる。

ウ：「加工商品」「一般用医薬品」は品群にあたる。カテゴリーマネジメントは品種（クラス）単位で構成したカテゴリーを単位とした業績に焦点を絞り，購買促進などを行う戦略的ビジネス概念である。これ以外の記述は正しい。

　　ハンドブックは，スペースマネジメント（Space Management）について，「商品の陳列位置や陳列量などを意図的にコントロールし，特定したスペースにおいて売上高と利益の最大化をはかる購買促進策であり，フロアマネジメントとシェルフマネジメントに分類される」と述べている。

エ：ハンドブックでは，小売業がカテゴリーマネジメントを効果的に実践するためのポイントとして，次のことなどを挙げている。

　①消費者が自宅の棚に商品をストックするのと同じ感覚で，商品カテゴリーとその陳列位置を決定する。

　②品目レベルの品ぞろえの中から単品（SKU）を選択してもらうのではなく，複数品目の購買が促進されるように組み合わせる。

　③標準的，かつ，一般的で制度化されたような識別力のないものではなく，一連の流動的，かつ，独自性の高いものであるべきである。

　④独創的な消費者価値を創造することが究極的なねらいであり，単にメーカーと小売業が連携して売上高を増大しようとする取組み関係を意味するものではない。

　⑤カテゴリーマネジメントは差別化戦略の中軸に位置づけられる。

オ：カテゴリーマネジメントは，小売業やサプライヤーが自らカテゴリー別に定めた業績目標の達成度を高めると同時に，中・長期的な戦略目標の実現を意図した戦略的管理システムとしても運用される。つまり，中・長期的な傾向を踏まえて，カテゴリーの戦略計画が開発されることになる。別言すれば，カテゴリーマネジメントは競争優位を獲得するための商品差別化の手段でもある。（図「カテゴリーマネジメントの実施上の留意点」参照）

正解 □ ア 1　□ イ 1　□ ウ 2　□ エ 2　□ オ 2

図　カテゴリーマネジメント実施上の留意点

第1段階　カテゴリーの明確化	
①カテゴリーを明確にする	顧客視点から，カテゴリーを構成する商品を決定する。
②品ぞろえ全体におけるカテゴリーの戦略的役割を明らかにする	中・長期的な傾向をふまえて，カテゴリーの戦略的役割を策定する。カテゴリーマネジメントは，競争優位を獲得するための商品差別化の手段でもある。

第2段階　カテゴリーの計画策定	
③カテゴリーの業績評価基準を設定する	カテゴリーの業績を評価する方法を決定する。種々のコスト計算と収益性・効率性を検討する。
④カテゴリーの戦略を策定する	長期および短期のカテゴリーの諸目標を達成するためのマーケティングと仕入計画を策定する。
⑤カテゴリーのマーケティング・ミックスを策定する	マーケティングおよび仕入計画において利用される種々の戦術（スペースの配分や販売促進など）を決定する。

第3段階　カテゴリーマネジメントの実施	
⑥カテゴリーマネジメントの役割を設定する	小売業と供給先パートナーの双方で，カテゴリーマネジメント実施の責任を配分する。
⑦カテゴリーの評価をする	カテゴリーごとの成果を測定し，監視し，修正する。

出所：『販売士ハンドブック（発展編）』

第1章

第2章

第3章

第4章

第5章

第6章

模擬テスト

> 　次の各問の〔　　〕の部分にあてはまる最も適当な語句・短文を記入しなさい。

① 〔　　〕とは，個別の戦略を遂行する事業単位のこと。別言すると，統括する経営管理者がいて，独立した戦略を策定し，それを実行する事業単位のこと。

② 時期的購買商品群は，単に季節商品を指すのではなく，新入学時に必要なステーショナリー（文具類）商品や通学用シューズなどの時期的商品を指し，〔　　〕という場合もある。

③ 商品分類から構成するカテゴリーは，店舗の規模や販売商品の専門性の程度などによって異なる。しかし，一般的には，品目（アイテム）レベルよりは広く，部門（デパートメント）レベルほど広範囲ではなく，〔　　〕レベルに近い分類基準といえる。

正解＆解説

①戦略的ビジネスユニット

　　解説 戦略的ビジネスユニットに関するキーワードは「事業単位」である。

②シーゾナルカテゴリー

③品種（クラス）

　　解説 一般に商品構成は，大分類（グループ），部門（デパートメント），品群（ライン），品種（クラス），サブクラス，品目（アイテム）から成る。

商品計画の策定と商品予算の実務

□ 次のア〜オは，中・長期的商品計画に関する記述である。正しい
　ものには1を，誤っているものには2を記入しなさい。

ア　中・長期的商品計画と短期的商品計画の分かれ目は，その計画
　　が3年以上のものか，それとも3年以内のものかによる。

イ　中・長期的商品計画は，小売業にとっての事業計画であり，「誰
　　に，何を，どのように販売するか」といった小売業の基本的策定
　　をその内容とする。

ウ　短期的商品計画における販売の対象者は"顧客の特定化"が必要
　　となるが，中・長期的商品計画におけるそれは"店舗が位置する
　　地域の住民のすべて"となる。

エ　何を売るかは顧客の求める商品構成を決定する問題であり，商
　　品カテゴリーと商品アイテムの組合せを意味している。

オ　どのように売るかは顧客への対応方法（広義の販売方法）の決定
　　であり，これには売場環境，顧客への情報提供などが含まれるが，
　　店舗立地はこれには含まれない。

POINT!! 解説

ア：一般に，中・長期的商品計画は3年までを前提に樹立する基本的な商品
　　計画路線をいう。一方，短期的商品計画は，中・長期的商品計画を基礎に，
　　各年度の商品取扱い規模に関する売上高，在庫，仕入，利益，諸費用など
　　についての計画を全社的規模において樹立したものをいう。それゆえ，短
　　期的商品計画は年間商品計画とも呼ばれる。

イ：図に示されるように，中・長期的商品計画は，「WHOM（誰に）」→「WHAT
　　（何を）」→「HOW（どのように）」を，その内容としている。したがって，中・
　　長期的商品計画は市場細分化（マーケット・セグメンテーション）に始まり，
　　そのうちのどのセグメントを対象にするかが重要となる。

ウ：中・長期的商品計画はまず，市場を細分化し，それらの中から対象とす
　　る市場を絞り込むので，当然，顧客を特定化することになる。

第1章

第2章

第3章

第4章

第5章

第6章

模擬テスト

図　中・長期的商品計画の構造

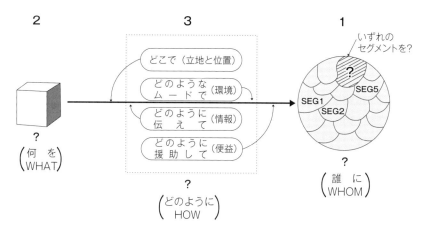

出所:『販売士ハンドブック(発展編)』

エ：何を売るかを決める際，ポイントになるのはターゲット顧客が何を求め
ているかをしっかり把握することである。なお，商品カテゴリーと商品ア
イテムの組合せを決めるとき，自店の業態特性に合ったものが重要とされ
ている。

オ：立地は小売業にとってきわめて重要であるので，当然，店舗立地は広義
の販売方法の中に含まれる。

　売場環境とは，店舗設備，ディスプレイ，装飾，照明などのことで，販
売員の接客もこの中に含まれる。なお，最寄品は効率よく品選びができる
雰囲気が求められ，買回品や専門品は情緒的な品選びができる雰囲気が求
められる。

　顧客への情報提供とは，商品の用途などに関する専門的な知識や情報を
顧客に供与することである。その中心は販売員による商品説明であるが，
このほかに POP 広告，展示会などがある。

正解　☐ ア 2　☐ イ 1　☐ ウ 2　☐ エ 1　☐ オ 2

□ 次のア～オは，商品構成の基本原則に関して述べたものである。正しいものには1を，誤っているものには2を記入しなさい。

ア　小売業は，効率的なマーチャンダイジング活動を行うため，あらゆる顧客層に適合する商品構成を検討する必要がある。

イ　明確なマーチャンダイジング・コンセプトを設定していない小売業の場合，顧客に買いにくい売場を提供することになる。

ウ　一般に，衣料品専門店チェーンは商品の幅が狭く，深い品ぞろえであり，総合品ぞろえスーパーは幅の広い商品カテゴリーを取り扱い，比較的浅い品ぞろえとなっている。

エ　マーチャンダイジングの主要な内容である商品の選定，品ぞろえの幅・奥行は，主要顧客層のニーズや欲求に対する小売業の回答であり，商品ミックスとも呼ばれている。

オ　消費動向の変化や市場における製品寿命の長期化，生産体制や法制度など外的要因の変化などに伴い，小売業は常に商品構成の見直しが求められている。

POINT!! 解説

ア：“あらゆる顧客層”ではなく，“主要顧客層”に的を絞って，商品構成を決定しなければならない。

イ：商品構成を企画・立案する際，主要顧客層のどのような生活シーンに応えるのかという商品政策面でのコンセプトを明確化する必要がある。

ウ：商品の取りそろえ（アソートメント）は，基本的に品ぞろえの幅（商品カテゴリー，品種数の多さ）と奥行（商品アイテム，品目数の多さ）で構成される。

エ：商品選定とは，消費者ニーズの多様化に対応する小売業のマーチャンダイジングのことである。

オ：市場における製品寿命は長期化ではなく，短縮化している。すなわち，プロダクトライフサイクル（PLC）は短縮化している。

正解　□ ア 2　□ イ 1　□ ウ 1　□ エ 1　□ オ 2

実力養成問題　商品計画の策定（3）
商品構成の実務（2）

□ 次の文章は，商品構成の手順に関して述べたものである。文中の〔　〕の部分に，下記の語群のうち最も適当なものを選びなさい。

　商品構成を確立するには，まず〔ア〕をブレークダウンして商品を〔イ〕していく。その際，自店を特徴づける商品や〔ウ〕する商品はより細かく分類し，ついで買い商品や補完的商品は大まかに分類する。

　次に，分類した商品を実際に取り扱う商品の品目（アイテム）や単品（SKU）レベルに落とし込み，さらに仕入先企業，売価，仕入原価，発注単位などを決定した〔エ〕を作成する。そして，〔エ〕に登録された商品を実際にどのようにディスプレイすべきか，その〔オ〕を作成する。

〈語群〉
①専門化　②棚割表　③統一化
④照明計画　⑤体系化　⑥商品計画
⑦商品コンセプト　⑧商品マスター　⑨差別化
⑩ストアコンセプト

POINT!! 解説

　ハンドブックでは，「商品構成の前提として，次の内容を決定しておく必要がある」としている。

①対象顧客の明確化
②顧客満足の実現
③構成する商品のグレードおよびプライスゾーンの設定

　これらのうち，特に「対象顧客の明確化」がなされていないと，顧客の絞り込みができず，品ぞろえコンセプトが確立できない。品ぞろえコンセプトを確立するということは，別言すれば他店との差別化を打ち出すことである。

　なお，こうした商品構成の実施にあたっては，顧客の支持を得ているか，計画した売上高や利益を達成しているかを数値で管理できるようにしておくことが重要である。

正解　ア⑩　イ⑤　ウ⑨　エ⑧　オ②

□　次のア〜オは，流行商品の特性と扱い方の注意点に関して述べた
　ものである。正しいものには1を，誤っているものには2を記入
　しなさい。

ア　流行商品は，商品本来の機能的側面よりも外観の感覚的側面が
　　消費や購買において重視される傾向にあり，その多くは季節商品
　　である。
イ　流行商品の多くは非消耗品，非生活必需品であるため，需要の
　　価格弾力性は一般に低い。
ウ　流行商品は，同一カテゴリーに属する品目間で価格差の幅が小
　　さく，同一カテゴリーに含まれる品目も少ない。
エ　流行商品は，品目ごとのライフサイクルが短いので，当該品目
　　を大量に抱え，長くストックするといった在庫政策を採用する余
　　地はない。
オ　流行性の高い品目であればあるほど，生産量は限定されるため，
　　仕入れる側としては同一品目の再発注が困難となるケースが増え
　　る。

POINT!!　解説

　マーチャンダイジングにおいて比較的よく使用される分類基準は，流行商
品（ファッショングッズ）と定番商品（ステープルグッズ）である。

ア：流行商品の多くは季節商品であり，一般に買回品あるいは専門品に分類
　　される。ファッション衣料，ハンドバッグ，シューズなどは流行商品の典
　　型である。ただ最近，最寄品の中にも流行性が重視されるものが増えてい
　　る。
　　　なお，定番商品とは，「商品の感覚的側面以上に，実質的な機能性が消
　　費者の購買の際に優先される商品」で，その多くは非季節商品である。また，
　　定番商品の大半は最寄品である。

イ：需要の価格弾力性とは，価格の変化率に対する需要の変化率の比のこと
　　で，次のように表される。

$$E = -\frac{\Delta q/q}{\Delta p/p}$$

たとえば，ある財の価格が 200 円から 100 円に低下したとき，需要量が 100 から 300 に増加したとする。このときの需要の価格弾力性は，

$$E=-\left(\frac{300-100}{100}\div\frac{100-200}{200}\right)$$

$$=-\left(\frac{200}{100}\div\frac{-100}{200}\right)=\frac{200}{100}\times\frac{200}{100}=4 \quad となる。$$

E＞1のとき，需要の価格弾力性は高い

E＜1のとき，需要の価格弾力性は低い

なお，流行商品の場合，需要の価格弾力性は一般に高い。

ウ：ハンドブックでは，流行商品の一般的な特性として，次のことを挙げている。

①顧客の購買は，必ずしも定期的，反復的ではない。

②その多くは非消耗品，非生活必需品である。

③定番商品に比べると，平均的な価格水準が高くなると同時に，同一カテゴリーに属する品目間で，価格差の幅が大きくなる場合が多い。

④同一カテゴリーに含まれる品目が多い。

⑤手づくりによる商品が多く，労働集約性が高い。

エとオ：ハンドブックでは，流行商品を取り扱う場合の留意点として，次のことを挙げている。

①まったく同一の(特定の)品目で長期にわたる商品計画を立案するのが難しい場合が多い。

②品ぞろえ(品目構成)の拡充が，顧客誘引ならびに売上達成のうえで非常に重要な要因となる。

③品ぞろえは，価格帯(プライスゾーン)および価格線(プライスライン)，タイプ，スタイル，素材，柄などの面から，豊富な構成とすることがストアロイヤルティを高めるための条件となる。

④定番商品と違って，同一商品カテゴリー内に低い価格から高い価格まで大きな格差がある。

⑤品目ごとのライフサイクルが短くなっているので，当該品目を大量に抱え，長くストックするといった在庫政策は行わない。

⑥流行性の高い品目であればあるほど生産量は限定されるため，仕入れる側としては同一品目の再発注が困難となるケースが増える。

正解 □ ア 1 □ イ 2 □ ウ 2 □ エ 1 □ オ 1

□ 次のア〜オは，定番商品の特性と扱い方の注意点に関して述べた
　ものである。正しいものには1を，誤っているものには2を記入
　しなさい。

　ア　定番商品の大半は消耗品であり，かつ，生活必需品であるため，
　　需要の価格弾力性は低く，価格水準が上がると需要量は急激に減
　　少する。

　イ　定番商品は同一品目について長期的に安定供給される場合が多
　　いが，同一材質，同一仕様，同一外観の品目が10年以上にわた
　　り供給されることはほとんどない。

　ウ　定番商品は生鮮食品などを除いて，銘柄指定による購買が行わ
　　れる割合が多く，よほどの理由がない限り，それを買い続ける傾
　　向がある。

　エ　ある特定品目（特定メーカーの特定銘柄の特定商品）を取り扱う
　　場合は，長期にわたり継続的に売場に置くことを前提とする必要
　　がある。

　オ　定番商品の多くは売価値入率が高いため，在庫費用がかさむ商
　　品が多い。そのため，必要以上のストックを抱えることは利益管
　　理の面からも得策ではない。

POINT!! 解説

　先に述べたように，定番商品とは，「商品の感覚的側面以上に，実質的な
機能性が消費や購買において優先される商品」で，その多くは非季節商品で
ある。また，定番商品の大半は日用品や最寄品である。

ア：定番商品は生活必需品であるので，需要の価格弾力性は低い。そのため，
　価格水準が上がっても，需要量は急激には減少しない。また，価格水準が
　下がっても，需要量は急激には増加しない。

　　もし，納得いかないなら，コメを考えてみるとよい。コメの場合，コメ
　の価格が上昇しても，コメの需要量は急激に減少しない。反対に，コメの
　価格が低下しても，コメの需要量はあまり増加しない。

イ：定番商品は，同一材質，同一仕様，同一外観の品目が 10 年以上にわた
り供給される例も少なくない。チョコレートやキャラメルなどの商品はこ
の典型例といえる。

ウ：定番商品について，顧客はある商品が気に入ると，それを長く買い続け
る傾向がある。

エ：その理由として，ハンドブックでは次の２点を挙げている。

①顧客は定番商品をブランド指名買いする割合が高く，しかもそれらを同
一店舗で反復的に購入しようとする傾向が強い。

②定番商品は，メーカーによる大量生産体制が確立されている場合が多く，
同一品目の継続的な仕入は，仕入における規模の経済性が働き，仕入原
価の引下げに結びつく可能性が高い。

オ：定番商品の多くは単価が低く，売価値入率も低い。つまり，定番商品の
場合，商品を売ったときの１個当たりの儲けは少ない。したがって，そう
した定番商品をストックすると，在庫費用が重い負担となる。

ハンドブックでは，定番商品の一般的特性として次の６つを挙げている。

①日用品が主体であるため，顧客の購買はほぼ定期的で反復的である。

②大半は消耗品であり，かつ，生活必需品であるため，需要の価格弾力性が
低い。

③平均単価が買回品に比べると総じて低い。それだけでなく，同一商品カテ
ゴリーに属する品目間の価格の差が極めて小さい。

④同種同カテゴリーに属する品目の数自体が，相対的に制限されている。

⑤大量生産され，同一品目について長期的に安定供給される場合が多く，プ
ロダクトライフサイクルの期間は流行商品よりも相対的に長い。

⑥生鮮食品などは別として，顧客は銘柄指定による購買を行う割合が高い。

正解 ☐ ア 2 ☐ イ 2 ☐ ウ 1 ☐ エ 1 ☐ オ 2

□ 次のア～オは，定番商品の商品計画の立て方と定番商品の品目構成に関する記述である。正しいものには1を，誤っているものには2を記入しなさい。

　ア　流行商品における商品計画の立案にあたっては，最初に必要となる在庫の総額を決定するが，定番商品の場合は，最初に在庫の総量を決定する。

　イ　定番商品の商品計画においては，ある商品カテゴリーの取扱候補品目が15品目あった場合，これら15品目のすべてを扱うことを前提に在庫の総額を決める。

　ウ　定番商品に属する商品カテゴリーの品目構成については，品質規格，ブランド，機能・用途，容量の4項目を常時考慮する必要がある。

　エ　定番商品の品目構成でいう品質規格は，日本産業規格や日本農林規格などのフォーマルな品質規格をさすもので，広く概念的な品質レベルの高低を示すものまでを包含するものではない。

　オ　顧客の多くは定番商品をブランドによって選択・購入する傾向が強いため，品ぞろえを計画する際には，最も需要頻度の高いブランド品を少なくとも数点，常時取扱いの対象とする必要がある。

POINT!! 解説

アとイ：定番商品における商品計画の立案にあたっては，流行商品と同様，最初に在庫の総額を決める。しかし，それ以降については両者は異なる。定番商品の商品計画は次の順で立てられる。

①在庫の総額を決める。

②取扱候補品目について，個別に適正な在庫数量を確定する。下表における，a品目→適正在庫数54個，b品目→適正在庫数36個，などがこれにあたる。

③取扱候補品目を重要度の順に並べる。下表においては，重要度は，a品目，b品目，c品目，d品目の順となる。

表

品目	適正在庫数量	単価(売価)	金額(売価)	累計額(売価)
a	54 個	300 円	16,200 円	16,200 円
b	36	400	14,400	30,600
c	36	400	14,400	45,000
d	36	400	14,400	59,400
e	30	500	15,000	74,400
f	24	400	9,600	84,000
g	24	400	9,600	93,600
h	24	400	9,600	103,200
i	24	400	9,600	112,800
j	18	400	7,200	120,000
k	18	500	9,000	129,000
l	18	500	9,000	138,000
m	18	500	9,000	147,000
n	12	600	7,200	154,200
o	12	600	7,200	161,400

出所：『販売士ハンドブック(発展編)』

④重要な品目の順に金額(売価)を加えていき，累計額が許容在庫高に達したところで，取扱いをストップする。

　　たとえば，許容在庫高を120,000円とした場合，上表において，a品目の金額から順次，各品目の金額を加算していくと，j品目の金額を加えたところで累計額は120,000円となる。したがって，k品目以下の品目は取り扱わないこととする。この結果，品目構成の幅はa～jの10品目となり，数量は306個となる。

ウ：定番商品に属する商品カテゴリーの品目構成については，次の4項目が常に考慮される。

・品質規格
・ブランド
・機能・用途
・容量

第1章
第2章
第3章
第4章
第5章
第6章
模擬テスト

41

エ：これに関してハンドブックでは，次のように述べている。

「ここでいう品質規格は，日本産業規格（JIS）（産業標準化法），あるいは日本農林規格（JAS）（日本農林規格等に関する法律）などのフォーマルな品質規格だけではなく，広く概念的な品質レベルの高低を示すものまでを含む。たとえば，化粧品における化粧品基準（厚生労働省告示），菓子やキャンデー類におけるSQマーク（一般社団法人菓子・食品新素材技術センター）などが該当する。」

つまり，品質レベルが何らかのかたちでつけられているものはすべて含むということである。

オ：定番商品の品目構成において，重要ブランドは不可欠なもので，こうしたブランドをそろえていないと，「品ぞろえの悪い店」となる。なお，定番商品をブランドによって選択し，一度選んだブランド品を反復購入する傾向が強いことをブランドロイヤルティという。

なお，ハンドブックは，ブランド（Brand）について，「特定の販売者または販売者集団の商品，もしくはサービスであることを明示し，他の競争者のそれと区別することを目的とした名称，用語，記号，象徴，デザインまたはそれらの結合のこと（AMA ＝米国マーケティング協会＝の定義より）」と述べている。

正解 □ ア 2　□ イ 2　□ ウ 1　□ エ 2　□ オ 1

実力養成 問題 商品特性別の商品計画～流行商品と定番商品～（4）
定番商品の商品計画の立て方（2）

□ 次のア～オは，定番商品の商品計画における諸数値の決定に関する記述である。正しいものには1を，誤っているものには2を記入しなさい。

ア　定番商品の商品計画の策定にあたって重視すべきことは，品目ごとの週当たり販売計画数量の決定と発注期間の決定，の2点である。

イ　発注費用の多くは，発注数量にかかわりなく発生する固定費である。したがって，1回の発注数量を増やせば増やすほど，仕入れる商品1個にかかってくる発注費用は増加する。

ウ　在庫費用の多くは，発注数量が増えるにしたがい増加する変動費である。したがって，1回の発注数量を増やせば増やすほど，商品1個にかかってくる在庫費用は小さくなる。

エ　品目Xの年間発注個数が1,800個，仕入単価が900円，1回当たり発注費用が300円，在庫費用率が10％であったとする。このときの，経済的発注量は約96個である。

オ　経済的発注量が280個で，週当たり販売計画数量が70個である場合，発注期間は4週間となる。

POINT!! 解説

ア：品目ごとの週当たり販売計画数量の決定とは，品目a，品目b，品目c……などについて，それぞれが週当たり平均して何個売れるかを決めるというものである。定番商品は流行商品に比べてその数量はかなり的確に予測はできるものの，やはり需要は週によって微妙に変動がある。よって，そう簡単に決めることはできない。そこで実際には，POSデータを使って一定期間で観察し，中・長期的な販売計画数量を予測することになる。

一方，発注期間の決定とは，それぞれの品目をどの程度の頻度で仕入れるかを決めるものである。なお，それを決める際，それぞれの品目について，どれくらいの数量単位で発注すれば費用が最も少なくなり，最大の利益を生むか，という視点で考えることがポイントである。

表　発注費用と在庫費用

発注費用	在庫費用
・商品の発注をめぐって発生する費用であり，仕入担当者の人件費，仕入事務所の経費，仕入出張費，通信費などを含む。 ・発注費用の多くは，発注数量にかかわりなく発生する固定費である。1回の発注数量を増やせば増やすほど，仕入れる商品1個にかかってくる発注費用は減少する。	・商品が入荷して以降，顧客の手に渡るまでの在庫期間に発生する費用であり，主な費目は，在庫中の保管費用，在庫中の保険費用，在庫投資の金利や陳腐化費用などである。 ・在庫費用の多くは，発注数量が増えるにしたがい増加する変動費である。それゆえ，1回の発注数量を増やせば増やすほど，商品1個にかかってくる在庫費用は大きくなる。 ・在庫費用は，比例的でなく逓増する場合もある。ときには発注数量の増加割合以上に膨張することもある。

出所：『販売士ハンドブック（発展編）』

イ：商品を仕入れ，そして販売するまでにはさまざまな費用が発生することになるが，これを大別すると発注費用と在庫費用に分けられる。

★発注費用

　　上記に示してあるように，ハンドブックでは，これについて「商品の発注をめぐって発生する費用であり，仕入担当者の人件費，仕入事務所の経費，仕入出張費，通信費などを含む」としている。なお，これらのうち人件費と仕入事務所の経費が大きな割合を占めることから，その多くは発注数量にかかわりなく発生する固定費であるといえる。そのため，1回の発注数量が増加するに伴い，仕入れる商品1個にかかる発注費用は減少することになる。

ウ：発注費用の大部分が固定費であるのに対し，在庫費用の大部分は変動費である。

★在庫費用

　　ハンドブックでは，これについて「商品が入荷して以降，顧客の手に渡るまでの在庫期間に発生する費用であり，主な費目は，在庫中の保管費用，在庫中の保険費用，在庫投資の金利や陳腐化費用などである」としている。なお，これらの費用の大部分は発注数量が増加するのに伴い費用が増加する変動費である。そのため，1回の発注数量が増えれば増えるほど，商品1個にかかってくる在庫費用は増加する。

図　経済的発注量

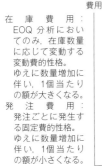
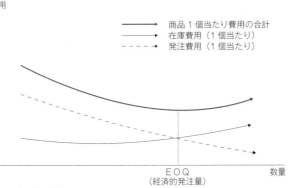

在 庫 費 用 ：
EOQ 分析におい
てのみ，在庫数量
に応じて変動する
変動費的性格。
ゆえに数量増加に
伴い，1個当たり
の額が大きくなる。

発 注 費 用 ：
発注ごとに発生す
る固定費的性格。
ゆえに数量増加に
伴い，1個当たり
の額が小さくなる。

出所：『販売士ハンドブック（発展編）』

　　上図「経済的発注量」の中の「商品1個当たり費用の合計」は，発注費用（1
個当たり）に，在庫費用（1個当たり）を加えたものである。
　　　商品1個当たり費用の合計
　　　＝発注費用（1個当たり）＋在庫費用（1個当たり）
エ：経済的発注量とは，商品1個当たり費用の合計が最小値となる発注量の
　　ことである。商品1個当たり費用の合計の推移をグラフに描くと上図「経
　　済的発注量」のようになる。このグラフは発注量が少ない段階においては
　　右下がりのカーブとなるが，ある点を境に右上がりのカーブとなる。「あ
　　る点」とは，商品1個当たり費用の合計が最小値になる点である。
　　　経済的発注量（EOQ）を求める計算式は次式となる。
　　　　R：年間発注個数　　　　　　　C：仕入単価
　　　　U：1回当たり発注費用（固定費）　 I：在庫費用率
　　　　S：週当たり販売計画数量　　　RP：発注期間

$$EOQ = \sqrt{\frac{2RU}{CI}}$$

また，$RP = \dfrac{EOQ}{S}$　が成り立つ。

　　品目Xの年間発注個数が1,800個，仕入単価が900円，1回当たり発
注費用が300円，在庫費用率が10％であるので，R＝1,800，C＝900，
U＝300，I＝0.1 となる。

これらを上式に代入すると，

$$EOQ = \sqrt{\frac{2 \times 1,800 \times 300}{900 \times 0.1}} = \sqrt{\frac{2 \times 1,800 \times 300}{90}}$$

$$= \sqrt{2 \times 20 \times 300} = \sqrt{12,000} ≒ 110 \text{（個）}$$

また，年間発注個数が 1,800 個，1 年間は 52 週なので，

$$週当たり販売計画数量 = \frac{1,800}{52} ≒ 34.6 \text{（個）}$$

$RP = \dfrac{EOQ}{S}$ より，$RP = \dfrac{110}{34.6} ≒ 3 \text{（週間）}$　　発注期間は 3 週間となる。

　なお，年間発注個数が与えられておらず，週当たり販売計画数量がたとえば40個と与えられているときは，これを使って年間発注個数を算出する。1 年間は 52 週なので，年間発注個数＝週当たり販売計画数量× 52

$$= 40 \times 52 = 2,080 \text{（個）}$$

オ：発注期間（RP）については，エの解説の箇所であわせて説明した通りである。ここではすでに，経済的発注量（EOQ）が 280 個，週当たり販売計画数量（S）が 70 個，と与えられているので，

$RP = \dfrac{EOQ}{S}$ より，$RP = \dfrac{280}{70} = 4 \text{（週）}$ となる。

正解　□ ア 1　□ イ 2　□ ウ 2　□ エ 2　□ オ 1

補足

　すでにみたように，「経済的発注量が 280 個で，週当たり販売計画数量が 70 個である場合，発注期間は 4 週間となる」。

　また，下図「在庫数量の動き」は，経済的発注量が 280 個，週当たり販売計画数量が 70 個で，発注期間が 4 週間のときの在庫数量の動きを図示したものである。

図　在庫数量の動き

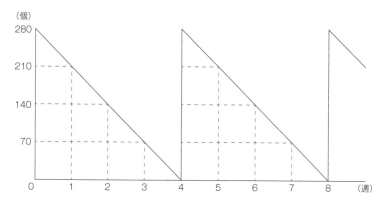

　上図の 0 週での在庫数量は 280 個。これは発注した商品が納入されたことによるものである。

　商品到着から 1 週間後の在庫数量は 210 個，2 週間後の在庫数量は 140 個，3 週間後の在庫数量は 70 個，である。そして，4 週間後には在庫数量は 0 個となるが，発注した商品が納入されるので，在庫数量は再び 280 個となる。つまり，ここでは，発注した商品がその日に納入されるという前提で上図が作成されている。

□ 次の文中の〔　　〕の部分に，下記の語群のうち最も適当なもの
を選びなさい。

　　小売業にとって重要な利益は，〔ア〕の段階である。〔イ〕の段階
となると，営業外収益や営業外費用が影響するため，主たる営業
活動以外の要因が関係してくる。ただし，〔ア〕においても，営業
部門では直接的に統制不能な要因となる〔ウ〕の一部を〔エ〕から差
し引いている。したがって，販売員が直接責任を負わなければな
らない利益額は，〔エ〕であるといってよい。しかし，諸費用の中
には〔オ〕も含まれ，その割合は一般に小さくない。そのため，売
場のスタッフはその範囲で〔ア〕にも責任がないとはいえない。

　　〔エ〕は，最終的な企業の利益とはいえない。しかし，〔オ〕およ
び〔ウ〕の額が一定であれば，〔エ〕が多くなるほど〔ア〕への貢献度
は高くなる。〔ア〕に対する営業サイドの間接的な責任が，この面
からも強調されるべきである。

〈語　群〉
①売上原価　　　②売上総利益　　　③特別損失
④営業利益　　　⑤特別利益　　　　⑥純売上高
⑦一般管理費　　⑧経常利益　　　　⑨販売費
⑩税引前当期純利益

POINT!! ▶ 解説

　　上文は，「利益には売上総利益，営業利益，経常利益などがあるが，これ
らのうち，商品計画との関係が最も深いのは売上総利益である」ことを説明
するためのものである。

　　ここで，まず思い出してもらいたいのは，売上総利益，営業利益，経常利
益の関係である。

　　○売上総利益＝売上高－売上原価

　　○営業利益＝売上総利益－販売費・一般管理費

　　○経常利益＝営業利益＋営業外収益－営業外費用

第1章

第2章

第3章

第4章

第5章

第6章

模擬テスト

　問題文を解くためのカギは，「〔イ〕の段階となると，営業外収益や営業外費用が影響するため，主たる営業活動以外の要因が関係してくる」の箇所である。

　先の3つの式のうち，営業外収益と営業外費用が登場するのは経常利益である。

　　経常利益＝営業利益＋営業外収益－営業外費用

　よって，イには経常利益が入る。

　この時点で，アには営業利益が入ると推察できるが，それを決定づけるのが，「〔ア〕においても，営業部門では直接的に統制不能な要因となる〔ウ〕の一部を〔エ〕から差し引いている」の箇所である。

　　営業利益＝売上総利益－販売費・一般管理費

　よって，アには営業利益，ウには一般管理費，エには売上総利益が入る。

　ハンドブックでは，売上総利益の増加要素として次の6つを挙げている。

①平均販売単価の計画的引上げ

②販売数量の計画的増大化

③売上値引，売上戻りの抑制

④仕入値引，仕入戻しの合理的増加

⑤売上原価の計画的引下げ

⑥在庫高の合理的抑制

　次のページの図「売上総利益，営業利益の増加要素」を参照。

正　解　□ ア ④　□ イ ⑧　□ ウ ⑦　□ エ ②　□ オ ⑨

図 売上総利益、営業利益の増加要素

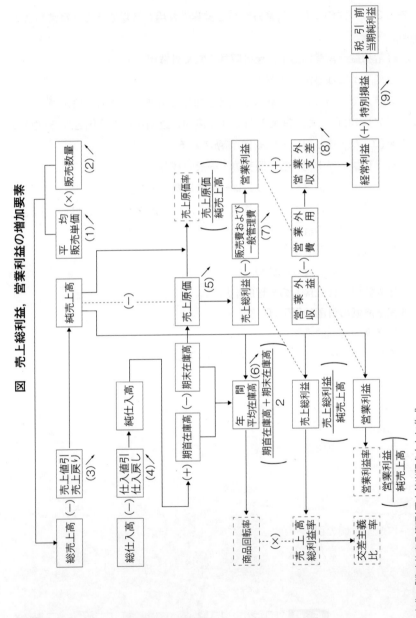

出典：『戦略的商品管理』同文館出版をもとに作成
出所：『販売士ハンドブック（発展編）』

50

実力養成問題 商品計画と利益管理（2）
各利益の増加要素に対する商品計画の役割（1）

□ 次の文章は，商品計画の策定に関係する売上増加の要因に関する記述である。文中の〔　〕の部分に，下記の語群のうち最も適当なものを選びなさい。

　小売店の総売上高を向上させる要素として，〔ア〕の引上げと，〔イ〕の増加の2つがある。ただ，両者は，一方を強調すれば，他方が引っ込むという〔ウ〕の関係にある。
　〔ア〕の引上げは，同一商品カテゴリー内でより高品質化，高イメージ化，有力ブランドの品目割合の増加などにより，結果的に当該商品カテゴリーの〔エ〕を上昇させることを意味する。〔イ〕の増加の方法としては，〔オ〕面から顧客に刺激を与え，商品の低価格化，大衆化の度合いを引き上げることが一般的となっている。

〈語　群〉
①販売数量　　②価格　　　③広告
④売上値引　　⑤平均価格　⑥仕入値引
⑦平均販売単価　　⑧パラドックス
⑨トレードオフ　　⑩均一価格

POINT!! 解説

　　総売上高＝平均販売単価×販売数量

　上式からわかるように，アには平均販売単価，イには販売数量が入る。しかし，平均販売単価を引き上げれば販売数量は減少し，販売数量を増加するには平均販売単価を引き下げざるを得ない。したがって，両者はトレードオフの関係にある。なお，単価とは，製品・商品の単位当たりの価格のことで，伝票などには@で示す。

　平均販売単価の引上げ策として，同一商品カテゴリー内でより高品質化，高イメージ化，有力ブランドの品目割合の増加などによって平均価格を上昇させる方法がある。一方，販売数量の増加策としては，価格の引下げが一般的な方法である。

正解　□ア⑦　□イ①　□ウ⑨　□エ⑤　□オ②

□ 次の〔　〕の部分に,下記の語群のうち最も適当なものを選びなさい。

　　　　　売上高＝平均販売単価×販売数量

　上式は,次のように書きかえられる。

　　　　　売上高＝〔ア〕×購買客数

　　　　　購買客数＝来店客数×〔イ〕

　　　　　来店客数＝店舗商圏客数×〔ウ〕

　　　　　店舗商圏客数＝総商圏人口×〔エ〕

　なお,〔エ〕,〔ウ〕,〔イ〕は小売業の基本的なマーチャンダイジング力とともに,〔オ〕,キャンペーン(販売促進活動),そして店舗施設ならびに販売員の担当する売場の環境形成,情報伝達の能力などが重要な役割を演じている。

〈語　群〉
①見込購買回数　　②売上原価　　　③対面販売
④商品回転率　　　⑤粗利益率　　　⑥見込来店回数
⑦売価値入率　　　⑧広告　　　　　⑨商圏カバー率
⑩顧客1人当たり平均購買単価

POINT!! 　解説

　売上高は,平均販売単価に販売数量を掛けたものである。しかし,この他の方法でも,売上高は計算できる。上記の記載内容をまとめると,次式が成立する。

　　　売上高＝顧客1人当たり平均購買単価×総商圏人口×商圏カバー率
　　　　　　　×見込来店回数×見込購買回数

　詳細は,図「小売業の売上形成の構造」を参照。

図　小売業の売上形成の構造

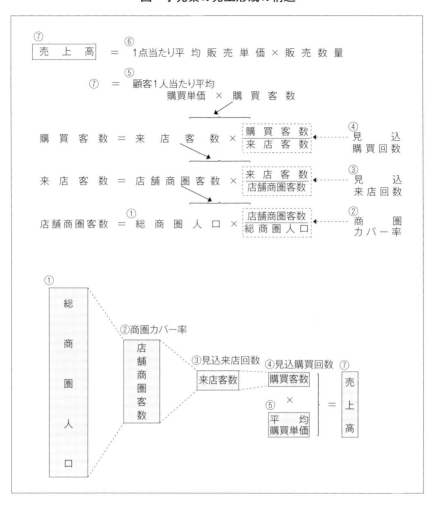

出所：『販売士ハンドブック（発展編）』

正解　□ ア ⑩　□ イ ①　□ ウ ⑥　□ エ ⑨　□ オ ⑧

□ 次のア〜オは，平均販売単価の引上げ，売上値引などに関して述
　べたものである。正しいものには1を，誤っているものには2を
　記入しなさい。

ア　平均販売単価の引上げ策は，商品の高級化や専門性度合いの引
　　上げを志向するものであるが，これは同時に販売員の接客販売技
　　術などから構成される人的環境力ならびに情報提供力の強化など
　　を伴わなければならない。

イ　売上値引とは，特定の商品やサービスの販売価格を，特定の時
　　点から一律により安い価格に意図的に変更することである。

ウ　売上戻りの場合，百貨店などでは，原則として現金の返還もし
　　くはクレジットの減額には応じず，同額あるいはそれ以上の価格
　　の商品との交換，または商品券との交換をもって対処することが
　　多い。

エ　仕入値引は多くの場合，リベートを意味し，通常の仕入業務の
　　外で生じる。これに対し，仕入割引はその分，仕入価格を引き下
　　げるので，売上総利益を増加させる。

オ　利益を増加するためには，年間平均在庫高を合理的に抑制する
　　ことにより，商品回転率を計画的に引き上げる高商品回転経営が
　　必要であるが，これは品切れを起こしやすいなどのデメリットがあ
　　る。

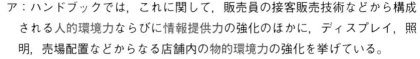

POINT!! 解説

ア：ハンドブックでは，これに関して，販売員の接客販売技術などから構成される人的環境力ならびに情報提供力の強化のほかに，ディスプレイ，照明，売場配置などからなる店舗内の物的環境力の強化を挙げている。

　　なお，平均販売単価の引上げは同じ商品を値上して売るという意味ではなく，同一商品カテゴリー内での高品質化，高イメージ化などによる当該商品カテゴリーの平均価格の上昇ということである。

イ：売上値引ではなく，値下（マークダウン）について説明している。季節商品や流行商品の場合，シーズン中に売り切るために季節後半に価格が一律に引き下げられるが，これがマークダウンである。なお，ハンドブックでは，売上値引について次のように述べている。

　　「値引は，小売業が顧客に販売する都度，販売価格を適宜，下げることである。したがって，値引の場合は相手の交渉力や購入数量などに応じ，値引する金額が微妙に違ってくる。」

ウ：売上戻りとは，販売後における顧客からのクレームにより，小売店への返品の意味を含んでいる。なお，顧客が購入金額以上の価格の商品との交換を求めた場合，百貨店などでは，その差額を顧客に請求している。

エ：仕入値引と仕入割引が反対に記述されている。仕入値引は売上総利益の増加をもたらすものの，取引上の力関係によるところの強要は許されない。一方，仕入先企業との「良き関係」の維持に起因するものは許される。

　　なお，仕入戻しとは，納入された商品などに問題があった場合，仕入先に返品するものである。

オ：$商品回転率＝\dfrac{純売上高}{平均在庫高（売価）}$

　　たとえば，純売上高 10,000 万円，平均在庫高（売価）1,000 万円であるとする。高商品回転経営（在庫投資の回転率を高める経営）とは，純売上高 10,000 万円を達成するのに，平均在庫高（売価）を 800 万円あるいは 700 万円などに減少させることである。もし，平均在庫高を 500 万円に減少させると，商品回転率は従来の 2 倍になる。

正解　□ ア 1　□ イ 2　□ ウ 1　□ エ 2　□ オ 1

第1章

第2章

第3章

第4章

第5章

第6章

模擬テスト

商品計画と利益管理 (5)
各利益の増加要素に対する商品計画の役割 (4)

□ 次の文中の〔　　〕の部分に，下記の語群のうち最も適当なもの
を選びなさい。

　〔ア〕から売上値引，売上戻りを差し引いた金額が〔イ〕となる。
〔ウ〕の源泉をなすものは〔イ〕であって，名目的な〔ア〕ではない。
〔ア〕がいかに大きくても，〔イ〕がこれらの収益の控除科目によっ
て著しく減れば，利益確保に深刻な影響が出る。さらに，〔ア〕が
大きい場合は，販売に関する人件費や販売促進費を中心に販売費
が増加している場合が少なくない。それとは逆に，〔ア〕が小さい
場合には，〔エ〕が圧縮されている場合が多い。

　売上値引，売上戻りを無意味に抑え込もうとすれば，〔ア〕その
ものが落ち込み，さらに顧客の店離れが顕著になるおそれがある。
両者とも，販売員の人的対応を強化することで抑制するのでなく，
それらを必要としないような有力な〔オ〕を充実させることによっ
て，結果的に抑制効果を生み出すべきである。それは，商品計画
と仕入技術の問題にほかならない。

〈語 群〉

①商品計画　　②純売上高　　③情報
④総売上高　　⑤営業外収益　⑥商品
⑦売上総利益　⑧営業利益　　⑨経常利益
⑩営業外費用

POINT!!　解説

　〔オ〕には，商品が入る。つまり，売上値引，売上戻りを減少させるためには，
究極的には売上値引などが発生しない，顧客に強く求められる「商品」を仕入
れる必要があるということである。そして，そうした有力な「商品」を仕入れ
るためには，商品計画と仕入技術が重要になるというものである。

正 解　□ ア④　□ イ②　□ ウ⑦　□ エ⑧　□ オ⑥

実力養成 問題 商品計画と利益管理 (6)
各利益の増加要素に対する商品計画の役割 (5)

□ 次のア〜オは，値下（マークダウン），仕入値引などに関して述べたものである。正しいものには1を，誤っているものには2を記入しなさい。

ア　季節商品や流行商品と異なり，定番商品については在庫処分の目的で値下（マークダウン）して販売することはほとんどない。

イ　仕入値引や仕入戻しは利益確保にプラスの影響を及ぼすが，その乱用は仕入先企業との関係を悪化させ，小売業にとって悪影響をもたらすことがある。

ウ　相手方に対する取引上の力関係の優位性を利用した強引な返品は，独占禁止法に規定される優越的地位の濫用として不法行為とされる。

エ　売上総利益を増大させる具体策としては，より安く仕入れることにより初回値入率をできるだけ高くすることなどがある。

オ　大きな利益を生み出すためには，商品計画ならびに仕入段階において，GMROIまたは交差比率の値が小さな商品を中心に品ぞろえする必要がある。

POINT!! 解説

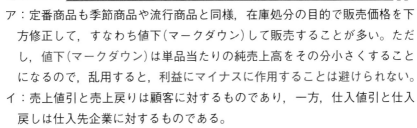

ア：定番商品も季節商品や流行商品と同様，在庫処分の目的で販売価格を下方修正して，すなわち値下（マークダウン）して販売することが多い。ただし，値下（マークダウン）は単品当たりの純売上高をその分小さくすることになるので，乱用すると，利益にマイナスに作用することは避けられない。

イ：売上値引と売上戻りは顧客に対するものであり，一方，仕入値引と仕入戻しは仕入先企業に対するものである。

　　仕入先企業といくら良好な関係にあっても，仕入値引や仕入戻しを乱用するとその関係は悪化し，思わぬ悪影響も発生しかねない。よって，仕入先企業の経営環境にも常に目をやり，慎重に行動する必要がある。

ウ：優越的地位の濫用とは，「自己の取引上の地位が相手方に優越している一方の当事者が，取引の相手方に対し，その地位を利用して，正常な商慣

習に照らして不当に不利益を与えること」である。この行為は公正な競争を阻害するおそれがあるため，独占禁止法により不公正な取引方法の1つとして禁止されている。

エ：$値入率(\%) = \dfrac{値入高}{売価} \times 100$

よって，$初回値入率(\%) = \dfrac{初回値入高}{売価} \times 100$

ところが，値下（マークダウン），売上戻りなどがあると，「実現値入高」が「初回値入高」を下回ることになる。

$実現値入率(\%) = \dfrac{実現値入高}{売価} \times 100$

実現値入率が初回値入率を下回ることはなかなか避けにくいが，実現値入率を初回値入率にできるだけ近づけることが売上総利益の増大には不可欠となる。

オ：$GMROI（在庫投資収益率）= \dfrac{売上総利益}{平均在庫高（原価）}$

$\qquad = \dfrac{売上総利益}{純売上高} \times \dfrac{純売上高}{平均在庫高（原価）}$

$\qquad = 売上総利益率 \times 商品回転率（原価）$

$交差比率 = \dfrac{売上総利益}{平均在庫高（売価）}$

$\qquad = \dfrac{売上総利益}{純売上高} \times \dfrac{純売上高}{平均在庫高（売価）}$

$\qquad = 売上総利益率 \times 商品回転率（売価）$

したがって，GMROIや交差比率の値が大きいほど，在庫投資は相対的に大きな利益を生み出す。よって，大きな利益を生み出すためには，商品計画ならびに仕入段階において，GMROIまたは交差比率の値が大きい商品を中心に品ぞろえする必要がある。

正解 ☐ ア 2 ☐ イ 1 ☐ ウ 1 ☐ エ 1 ☐ オ 2

表　高商品回転が経営にもたらすメリット・デメリット

メリット	デメリット
①在庫投資効率が向上する。 ②商品保管費，商品保険費など在庫投資金利以外の在庫関係費も節約される。 ③商品の物理的価値の低下（主に棚卸減耗費）が小さくなる。 ④商品の市場的価値の低下（流行変化，季節の経過，新モデル出現などによる商品価値低下）が防止できる。 ⑤上記③，④による在庫保有リスクが小さくなる。 ⑥値下率を一般に低めに抑えることが可能となる。 ⑦商品劣化度が低いので，売上戻り（顧客からの返品）が比較的少ない。 ⑧商品が絶えず小刻みに流動するので，売場の雰囲気の沈滞化を防ぎやすい。 ⑨商品手持ちの絶対量を抑えることができるので，商品管理（特に在庫統制）が容易となる。 ⑩総じて目先の（短期的な）効率，機動性が向上する。	①手持ち資金の過少をしばしば引き起こす。 ②仕入事務費，仕入出張費などの発注関係費が一般に割高になる。 ③過少在庫に陥り，欠品を発生させやすい。 ④在庫の総枠が限られるので，品ぞろえを強化しにくい。 ⑤当用仕入（小口仕入）が恒常化することとなり，割高の仕入になりがちで，大量仕入のメリットが得られなくなる。 ⑥上記⑤の結果，値入率（結果として売上総利益率）が低くなりがち。 ⑦当用仕入が恒常化する結果，仕入が甘くなるおそれがあり，仕入戻し（仕入先企業への返品）が増加するおそれがある。 ⑧上記⑤，⑦の結果，仕入先企業に対する発言力が弱まり，優良商品を優先的に確保する能力も低下する。 ⑨上記⑤，⑦，⑧の結果，「仕入—在庫—販売」サイクル活動全体の計画性が低下してくる。 ⑩総じて顧客や仕入先企業からの支持が弱まり，（長期的な）競争力が低下する。

出所：『販売士ハンドブック（発展編）』

□ 次のア〜オは，商品予算管理の重要性に関する記述である。正しいものには1を，誤っているものには2を記入しなさい。

ア　どの程度の規模の在庫投資を行うかの計画は，小売業全体，店舗別，部門別，商品カテゴリー別に策定するのが望ましい。

イ　チェーンストア組織においては，トップマネジメントは各部門あるいは各店舗に対して，全社的視野から総在庫投資額をコントロールしている。

ウ　季節性が強く，需要特性の変化が大きい，あるいはファッション性が強い買回品を中心に扱う小売店は，年間を通じてコンスタントに在庫投資を行う方法を採用している。

エ　一定頻度で補充発注を必要とする基幹的商品を扱う小売店では，発注量を適宜，変更することによって総在庫数量を週単位で速やかに調整している。

オ　小売業のオーダー後に商品が生産される場合や仕入先企業が遠隔地の場合などにおいては，綿密な販売計画，そして，それにもとづく在庫管理の策定が必要となる。

POINT!! 解説

ア：こうした在庫投資を計画する際，全般的な消費動向や競争環境などの情報を分析するとともに，明確な行動指針にもとづき商品予算の策定から始める必要がある。なお，商品在庫に関する総投資額の計画と管理は，商品予算管理を通じて行うのが一般的である。

イ：チェーンストア組織においては，トップマネジメントが総在庫投資額をコントロールするものの，管理単位は各部門あるいは各店舗に委譲されている。したがって，各部門あるいは各店舗ごとの計画がどの程度達成されたかを通じて，トップマネジメントは各部門あるいは各店舗をコントロールしている。なお一般には，大規模小売業経営におけるマーチャンダイジングに対する責任は部門マネジャーに委譲されている。

つまり，ここでは，「企業規模の拡大に伴い，商品予算管理の必要性が増すこと」を覚えておこう。

ウ：季節性が強く，需要特性の変化が大きい，あるいはファッション性が強い買回品を扱っている場合，販売の動きに応じて総在庫投資額を集中的に管理する必要がある。

一方，食料品や日用雑貨などの最寄品を主として扱っている場合，年間を通じて在庫投資をコンスタントに行う必要がある。最寄品中心の小売店の場合，ほとんど同じような商品の品目が継続的，かつ，一時的に在庫されている。

ここでは，「季節的変化の影響の強弱により，商品予算管理の対応が違うこと」を覚えておこう。

エ：一定頻度で補充発注を必要とする基幹的商品を扱う小売店は，その地域の仕入先企業から頻繁に商品を仕入れる傾向が強いこともあって，発注量をその時々に応じて変更することで総在庫数量を週単位で変更している。

オ：そのため，在庫計画を策定する際，商品予算管理が必要となる。また，商品予算管理の有効性を高めるためには，定型化された在庫商品の金額による統制システム，すなわちダラーコントロールシステムの確立が求められる。

また，小売業のオーダー後に商品が生産される場合（たとえば，洋服地，タオルケットなど）や仕入先企業が遠隔地の場合のほか，フランチャイズ契約で割り当てられ，それを消化する義務がある場合においても，同じことがいえる。

つまり，エとオについては，「発注から納品のタイムラグが商品予算管理において重要考慮要件となる」ということ。

第1章　第2章　第3章　第4章　第5章　第6章　模擬テスト

正解 □ア1 □イ1 □ウ2 □エ1 □オ1

61

□　次のア〜オは，商品予算の編成，商品予算に要請される条件に関
　して述べたものである。正しいものには1を，誤っているものに
　は2を記入しなさい。

ア　商品予算は売上総利益に影響を及ぼす売上高（売上高予算），商
　　品在庫（在庫高予算），減耗高（減価予算），値入高（値入高予算）ご
　　とに予測し，金額をもって設定する。

イ　商品予算は売上高予算，在庫高予算などから編成されており，
　　売上高の見積り額などが決まれば，自動的に値入高予算が計算で
　　きる。

ウ　商品予算の期間は一般に1年であるが，比較的企業規模の大き
　　い小売業は半期ごとに予算を設定していることが少なくない。

エ　商品予算はあくまでもトップマネジメントが一方的に決定する
　　もので，各部門あるいは店舗のマネジャーはこれを実現するよう
　　に努力することが大事となる。

オ　部門予算はあくまでも前期を上回る実績が得られるように計画
　　される必要があり，たとえそれが達成不可能なものであっても構
　　わないとされている。

POINT!!　解説

アとイ：商品予算は，売上高予算，在庫高予算，減価予算，値入高予算，仕
　　　入高予算から編成される。ただ，仕入高予算は他の予算と異なり，他の予
　　　算（売上高などの見積り額）が決まると，これらをもとに自動的に仕入額（仕
　　　入高予算）を計算することになる。

　　　ハンドブックは営業費の予算については次のように記述している。

　　　「営業費の予算は理論的，あるいは技術的にみて，商品計画の一部とは
　　　されない。しかし，多くの商品予算管理制度を採用しようとする小売業に
　　　おいては，企業全体の利益を確保するために，重点的な商品ごとの営業費
　　　予算を準備することが必要である。」

　　　また，ハンドブックは，売上高予算などについて次のように説明してい
　　　る。

売上高予算……小売業全体，店舗別，部門別，商品カテゴリー別などに年間（もしくは半期）の総枠としての予算を編成し，それぞれをベースにして月別の配分がなされる。

在庫高予算……売上高予算を実現するのに必要な在庫高予算を決定する。具体的には，年次（または半期）および月別の売上高予算に対応した月初の計画在庫高を算定する。

減価予算………特売や在庫処分といった値下，従業員や顧客に対する値引および棚卸減耗などの減価をあらかじめ予想して予算化する。

値入高予算……適正な売上総利益（粗利益）を確保するための売価をどのように設定するかという問題である。

仕入高予算……「いくら仕入れるか」という仕入高予算の算定である。

ウ：半期を予算期間とする利点について，ハンドブックは「たとえば予算開始日を2月1日と8月1日とすると，2つの主要な季節（春・夏・秋・冬）の変わり目に合致するとともに，これらの時期は在庫が相対的に少なくなり，商品管理が容易になることなどにある」と述べている。

エとオ：商品予算管理を行ううえでの基本的条件として，次の3つが挙げられる。

①商品予算は各部門あるいは各店舗のマネジャーの意欲を刺激し，実効性と責任を感じる水準に設定されること。つまり，商品予算管理に対するトップマネジメントの配慮が必要となる。

②計画された目標は，達成可能なものでなければならないこと。たとえば，販売予測を高いものに設定すると，過剰在庫をもたらすことになる。

③一般に商品予算は前期を上回るように計画されることが多いが，その場合，それを遂行する手段の裏付けが必要となる。

正解 □ ア 1 □ イ 2 □ ウ 1 □ エ 2 □ オ 2

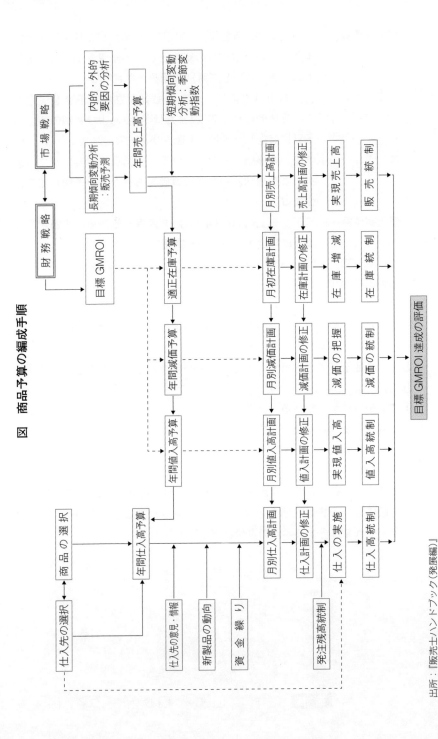

図　商品予算の編成手順

出所：『販売士ハンドブック（発展編）』

64

記述式穴埋問題　　キーワードは**これだ！**

> 次の各問の〔　　〕の部分にあてはまる最も適当な語句・短文を記入しなさい。

① 顧客の生活の中に，地域に密着したチェーンストアの商品を定着させるためには，品ぞろえの幅（品種）と奥行（品目）を整合させる適切な〔　　〕を行うことが重要である。

② 何万アイテム（品目）も取り扱う小売業においては，総売上額の主要な割合を占める商品を基幹商品または〔　　〕などと呼んでいる。

③ 流行商品の一般的な特性としては，「流行商品の購買は定期的ではないし，〔　ア　〕でもないこと」，「流行商品の多くは非消耗品，〔　イ　〕であるため，価格が低下すると，需要量はかなり増加すること」などが挙げられる。

ア

イ

（注）実際のネット試験では〔　　〕は１つだけですが，便宜上，〔　　〕を複数設けました。以降で〔　　〕が複数ある場合，同様の理由です。

④ 発注費用は商品の発注の際に生じる諸費用で，仕入担当者の人件費，仕入事務所の経費，仕入出張費，通信費などが該当し，〔　　〕的性格のものである。

⑤ 品目 X の年間発注個数が 2,500 個，仕入単価が 500 円，１回当たり発注費用（固定費）が 200 円，在庫費用率が 20％ であったとする。この場合，経済的発注量は〔　　〕個である。

⑥　平均販売単価の引上げを行うと，販売数量は減少することになる。反対に，販売数量を増加させようとすると，平均販売単価を引下げざるを得ない。このように，一方を強調しようとすると，他方が引っ込むことから，平均販売単価の引上げと販売数量の増加は〔　　　〕の関係にあるという。

⑦　〔　　　〕とは，販売不振などを理由に，特定の商品やサービスの販売価格を特定の時点から一律に安い価格に変更することである。よって，この場合，販売価格が再び定価にもどることはない。

⑧　需要の〔　ア　〕とは，価格の変化に対する需要量の変化を示すものである。そして，価格が変化した場合，需要量が著しく変化するとき，需要は弾力的であるといい，反対に，需要量があまり変化しないとき，需要は〔　イ　〕的であるという。

ア	イ

⑨　定番商品の一般的特性としては，大量生産され，同一品目について長期的に安定供給される場合が多く，〔　　　〕の期間は流行商品よりも相対的に長いこと，などが挙げられる。

⑩　流行商品を取り扱う場合の留意点には，「特定の商品カテゴリーを取り扱うには，一定以上の〔　ア　〕ならびに在庫投資を必要とし，バラエティに富んだ品目を並べることを考慮すること」，「〔　イ　〕およびプライスライン，タイプ，スタイル，素材，色などを豊富にすることでストアロイヤルティが高まること」などがある。

ア	イ

⑪ 総商圏人口が 25 万人，商圏カバー率が 20%，見込来店回数が 1.5，見込購買回数が 0.8，平均購買単価が 2,500 円のとき，年間売上高は〔　　〕万円である。

⑫ 売上総利益を増大するには，より安く仕入れることにより，初回値入率をできるだけ高くすることが重要である。また，〔　　〕を初回値入率に接近した値に維持するよう，値下，売上戻り，減耗などをできるだけ小幅にすることも，売上総利益の増大には重要である。

⑬ 在庫投資が一定の売上高に対して巨額になると，売上総利益を著しく圧縮することになる。よって年間平均在庫高を合理的に抑制し，商品回転率を計画的に引き上げる〔　　〕が求められる。

⑭ 〔　　〕とは，特定の期間に対して金額で示された商品諸活動の詳細な青写真を描くことである。その目的は，金額で特定の目標を設定し，かつ，実際に活動を推し進めるプロセスを財務的側面からチェックするための計画を立てることである。

⑮ 〔　ア　〕は特売や在庫処分といった値下，従業員や顧客に対する値引および棚卸減耗などの〔　イ　〕をあらかじめ予想して予算化するものである。〔　ア　〕は，対売上高比率を基準として立てられることが多い。

ア

イ

第1章

第2章

第3章

第4章

第5章

第6章

模擬テスト

⑯ 純売上高が 4,000 万円, 商品回転率(売価)が 5 回転, 売価値入率が 60%, 売上総利益率が 40%であった。このとき, GMROI は〔　　〕%である。

⑰ 〔　ア　〕は商品が入荷してから顧客の手に渡るまでの在庫期間中に発生する諸費用で, 保管費用, 保険費用などが該当することから〔　イ　〕的性格のものである。

ア

イ

⑱ 定番商品の場合, 顧客は定番商品を〔　ア　〕買いする割合が高く, しかもそれらを〔　イ　〕で反復的に購入しようとする傾向が強い。したがって, 定番商品を取扱う場合, 長期的に継続的に売場に置くことを前提としなければならない。

ア

イ

⑲ 品目 Y の仕入単価が 600 円, 1 回当たり発注費用(固定費)が 240 円, 在庫費用率が 10%, 週当たり販売計画数量が 45 個であったとする。この場合, 発注期間は約〔　　〕週間である。

⑳ 見込購買回数が 1.2, 見込来店回数が 2.0, 平均購買単価が 3,500 円, 店舗商圏客数が 8 万人のとき, 年間売上高は〔　　〕万円である。

```
正解＆解説
```

①商品ミックス

　解説 チェーンストアの商品ミックスに大きな影響を及ぼす要因に，新
　　商品の導入と旧(既存)商品の廃棄がある。

②ベストセラー商品

　解説 つまり，品ぞろえとともに，品目(アイテム)選定も重要というこ
　　と。また，粗利益率(売上総利益率)が高く，店舗の柱となるような
　　商品を重点商品または戦略商品などと呼んでいる。

③アー反復的　　イー非生活必需品

　解説〔　　〕が設けられる可能性のある箇所は，「定期的」「非消耗品」「価
　　格が低下する」「需要量は(かなり)増加する」である。

④固定費

　解説 発生費用の多くは，発注数量にかかわりなく発生する固定費であ
　　る。したがって，1回の発注数量が増加するに伴い，仕入商品1個
　　にかかる発注費用は減少する。

⑤100

　解説

$$経済的発注量 = \sqrt{\frac{2 \times 年間発注個数 \times 1回当たり発注費用(固定費)}{仕入単価 \times 在庫費用率}}$$

$$= \sqrt{\frac{2 \times 2,500 \times 200}{500 \times 0.2}}$$

$$= \sqrt{\frac{1,000,000}{100}} = \sqrt{10,000} = 100 (個)$$

⑥トレードオフ

　解説 トレードオフとは，複数の条件が同時にみたすことのできないよ
　　うな関係のこと。言い換えれば，両立不可能な関係性のこと。

⑦値下(マークダウン)

　解説 値下の場合，「特定の時点から一律に安い価格に変更すること」な
　　ので，販売価格がもとの価格にもどることは短期的にはありえない。
　　これに対し，売上割引とは，販売価格を買い手によって適宜下げる
　　ことで，販売価格はもとの価格にもどることになる。

⑧アー価格弾力性　　イー非弾力

　解説　需要の価格弾力性は，一般には価格弾力性といわれる。ハンド
　　　　ブックは，価格弾力性(Price Elasticity)について，「価格変化に
　　　　対する需要の感度を表す測度のこと。(需要の変化量)／(価格の変
　　　　化量)で定義される。その絶対値が１より大きければ需要は価格に
　　　　対して弾力的であり，１より小さければ非弾力的であるという」と述
　　　　べている。

⑨ PLC（プロダクトライフサイクル）

　解説　「PLC の期間が長いか，短いか」については，常にチェックして
　　　　おくとよい。また，定番商品の一般的特性としては，「顧客は特定
　　　　の〔ブランド品〕を購買し，それが気に入ると，以降はよほどの理由
　　　　がない限り，それを買い続ける傾向があること」が出題されやすい
　　　　箇所である。

⑩アー売場面積　　イープライスゾーン（価格帯）

　解説　ハンドブックは，「プライスゾーン，プライスラインの設定は特
　　　　に重要である」「全体の計画在庫高にもとづいて，最初にプライスゾー
　　　　ン別に分け，その中にいくつかのプライスラインを設定し，素材や
　　　　タイプ，そしてスタイルを反映した価格政策を確立する」と述べてい
　　　　る。

⑪ 15,000

　解説　P52 を見てもらいたい。

　　　　売上高＝顧客１人当たり平均購買単価×総商圏人口×商圏カバー率
　　　　　　　　×見込来店回数×見込購買回数

　　　　与えられた値を上式にあてはめると，

　　　　売上高＝ 2,500 × 25（万人）× 0.2 × 1.5 × 0.8 ＝ 15,000（万円）

⑫実現値入率

　解説　P58 で説明したように，初回値入率(%)＝$\dfrac{初回値入高}{売価}$× 100

　　　　　しかし，値入高はあくまでも売り手の理想とするもので，売り手
　　　　が望む値入高がすべて実現することはほぼ不可能である。なぜなら，
　　　　商品を完売する過程で，大部分の場合，値下，売上戻り，減耗など
　　　　が発生することになる。

　　　　　たとえば，仕入原価 400 円の商品を 500 個仕入れ，それを１個

600円の値入れを行い，売価1,000円で500個完売したとする。しかし，そのプロセスで値下，売上戻り，減耗などが発生し，その合計額が50,000円であったとする。

この場合，合計値入高は，$600 × 500 = 300,000$（円）

よって，$値入率 = \dfrac{合計値入高}{売上高}$

$$= \frac{600 × \cancel{500}}{1,000 × \cancel{500}} × 100 = \frac{6}{10} × 100$$

$$= 60（\%）$$

一方，合計の実現値入高 $= (600 × 500) - 50,000$

$$= 300,000 - 50,000$$

$$= 250,000（円）$$

よって，$実現値入率 = \dfrac{合計の実現値入高}{売上高}$

$$= \frac{\cancel{250,000}^{500}}{1,000 × \cancel{500}_1} × 100 = \frac{5}{10} × 100$$

$$= 50（\%）$$

つまり，値下，売上戻り，減耗などの合計額が小さくなればなるほど，実現値入率は値入率に近づくことになり，売上総利益は増大することになる。

なお，初回値入率とは，最初に値入高を決め，そのときに決まる値入率のことである。

⑬高商品回転経営

解説

$$商品回転率 = \frac{純売上高}{平均在庫高（売価）}$$

（ケースⅠ）$商品回転率 = \dfrac{20,000（万円）}{4,000（万円）}$

$$= \frac{20}{4} = 5（回）$$

（ケースⅡ）$商品回転率 = \dfrac{20,000（万円）}{2,000（万円）}$

$$= \frac{20}{2} = 10（回）$$

（ケースⅠ）の場合の平均在庫高（売価）は4,000万円，一方，（ケースⅡ）の場合の平均在庫高（売価）は2,000万円。よって，

（ケースⅡ）は平均在庫高が（ケースⅠ）より少ないので，在庫投資は少ないものですむ。在庫投資額が少ないということは，商品（在庫）に投入する資金が少なくてすむということなので，借入金の金利が少なくてすむ。

つまり，純売上高が同額であるなら，平均在庫高が少ないほど，利益増大に貢献することになる。

⑭**商品予算計画**

解説 商品の予算計画は，売上高予算，在庫高予算，減価予算，値入高予算，仕入高予算から構成されている，これらの予算は独立して編成されているわけではなく，各予算が相互に密接な関係をもっている。

⑮**アー減価予算　イー減価**

解説 「対売上高比率」の箇所に〔　〕が設けられる可能性もある。つまり，売上高予算と減価予算は密接な関係にある。

⑯**500**

解説 P58 を見てもらいたい。

$$\text{GMROI} = \frac{売上総利益}{平均在庫高（原価）}$$

$$= \frac{売上総利益}{純売上高} \times \frac{純売上高}{平均在庫高（原価）}$$

$$= 売上総利益率 \times 商品回転率（原価）$$

売上総利益率が 40%，純売上高が 4,000 万円であるので，

$$売上総利益率 = \frac{売上総利益}{純売上高} より，$$

$$0.4 = \frac{売上総利益}{4,000} \qquad \therefore 売上総利益 = 4,000 \times 0.4$$

$$= 1,600 （万円）$$

売上総利益 = 1,600（万円）が判明したので，次に平均在庫高（原価）を求める必要がある。

商品回転率（売価）が与えられているので，

$$商品回転率（売価） = \frac{純売上高}{平均在庫高（売価）}$$

$$\therefore 5 = \frac{4,000}{平均在庫高（売価）} \qquad \therefore 平均在庫高（売価） = 4,000 \div 5$$

$$= 800 （万円）$$

ここで，売価と原価の関係を確認しておく。

　　売価＝原価＋値入高……（1）

　　売価値入率＝$\dfrac{値入高}{売価}$

　　∴値入高＝売価×売価値入率……（2）

（2）を（1）に代入すると

　　売価＝原価＋売価×売価値入率

　　∴原価＝売価－売価×売価値入率

　　　　　＝売価（1－売価値入率）

　　つまり，原価＝売価（1－売価値入率）……（3）

　上記より，平均在庫高（原価）と平均在庫高（売価）との関係は，次式が成立することになる。

　　平均在庫高（原価）＝平均在庫高（売価）{1－売価値入率}

　　平均在庫高（売価）が800万円，売価値入率が60％であることから，

　　平均在庫高（原価）＝平均在庫高（売価）{1－売価値入率}

　　　　　　　　　　　＝800×（1－0.6）

　　　　　　　　　　　＝800×0.4

　　　　　　　　　　　＝320（万円）

　以上より，GMROI＝$\dfrac{売上総利益}{平均在庫高（原価）}$

　　　　　　　　　＝$\dfrac{1,600}{320}$＝5

　　　　つまり，GMROI＝500％

⑰アー在庫費用　　イー変動費

　解説　したがって，1回の発注数量が増加するに伴い，仕入商品1個にかかる在庫費用は大きくなる。

⑱アーブランド　　イー同一店舗

　解説　定番商品の取扱い上の注意点としては，このほかに，「長期にわたり，安定供給が保証されない商品は売場に陳列しない」，「すべての取扱品目について，常に在庫を切らさないようにしておくこと」などが挙げられる。

⑲ 3

解説 まず，経済的発注量を求め，次に発注期間を求める。

$$経済的発注量 = \sqrt{\frac{2×年間発注個数×1回当たり発注費用（固定費）}{仕入単価×在庫費用率}}$$

$$年間発注個数 = 週当たり販売計画数量 × 52（週）$$
$$= 45 × 52 = 2,340$$

$$経済的発注量 = \sqrt{\frac{2×2,340×240}{600×0.1}}$$
$$= \sqrt{2×2,340×4}$$
$$= \sqrt{18,720} ≒ 137（個）$$

$$発注期間 = \frac{経済的発注量}{週当たり販売計画数量}$$
$$= \frac{137}{45} ≒ 3（週間）$$

⑳ 67,200

解説 年間売上高＝平均購買単価×来店客数×見込購買回数
　　　　　　＝平均購買単価×店舗商圏客数
　　　　　　　　×見込来店回数×見込購買回数

与えられた値を上式にあてはめると，
$$年間売上高 = 3,500 × 8（万人）× 2.0 × 1.2$$
$$= 67,200（万円）$$

販売計画の戦略的策定

第3章

☐ 次のア～オは，販売目標に関する記述である。正しいものには1
を，誤っているものには2を記入しなさい。

ア　販売目標の設定に必要な資料としては，POSデータなどによ
る時系列分析の結果からみた商品カテゴリー別の来期（または2
～3年先）の販売可能計画書などがある。
イ　必要売上高が販売可能額より高いときは，必要売上高自体を引
き下げる。
ウ　必要売上高が販売可能額を大きく上回り，達成困難とみられる
ときは，販売可能額を販売目標とする。
エ　販売可能額が必要売上高を上回っているときは，販売可能額を
販売目標とする。
オ　販売可能額が必要売上高を大きく上回っているときは，販売可
能額を販売目標とする。

POINT!! 　解説

ア：ハンドブックでは，販売目標の設定に必要な資料として，このほかに，
次のものを挙げている。
・相関分析などによって，外部条件（地域市場の伸長率や競争要因など）か
らみた来期（または2～3年先）の販売可能計画書
・財務資料などをもとにして，小売業の維持，発展をはかるうえで必要な
来期（または2～3年先）の必要売上高予測書
イ：この場合には，必要売上高を販売目標とする。ただし，経営者層が目標
と販売可能額との差を埋めるための対策や戦略を策定する。
ウ：この場合には，財務面を再検討して経費節減などの対策を講じ，必要売
上高自体を引き下げる。
エ：この場合には，販売可能額を販売目標とする。
オ：この場合には，必要に応じて人材能力の開発や組織体制の整備など内部
の充実化をはかり，販売可能額より低めに販売目標を設定する。

正解 ☐ア1 ☐イ2 ☐ウ2 ☐エ1 ☐オ2

実力養成問題　販売目標の設定方法と販売計画の策定（2）
商品カテゴリー別販売計画の策定ポイント

第1章

第2章

第3章

第4章

第5章

第6章

模擬テスト

□ 次のア〜オは，商品カテゴリー別販売計画に関する記述である。
正しいものには1を，誤っているものには2を記入しなさい。

ア　商品カテゴリー別販売計画を立案する際，経営環境の変化が比較的小さい小売業，または業績が安定している小売業の場合，主に商品カテゴリー別実績などの内部資料を中心に検討し，実際に商品カテゴリー別割当を行うときには外部の市場動向資料を参考程度に利用するとよい。

イ　商品カテゴリー別の採算状況を把握するために用いられる分析の方法として，「粗利益貢献度分析」があるが，これは買回品主体の小売業でよく用いられる。

ウ　粗利益貢献度分析では，粗利益貢献度を，商品カテゴリー別の売上構成比に粗利益率を掛けた積数を百分率で示して求める。

エ　交差比率貢献度分析では，交差比率貢献度を，粗利益貢献度に交差比率を掛けた積数を百分率で示して求める。

オ　粗利益貢献度分析と交差比率貢献度分析の結果の読み取り方は，まず，売上構成比に比べて貢献度が低い商品カテゴリーと，貢献度自体が高い商品カテゴリーとを抽出する。

POINT!!　解説

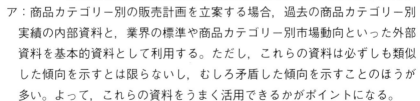

ア：商品カテゴリー別の販売計画を立案する場合，過去の商品カテゴリー別実績の内部資料と，業界の標準や商品カテゴリー別市場動向といった外部資料を基本的資料として利用する。ただし，これらの資料は必ずしも類似した傾向を示すとは限らないし，むしろ矛盾した傾向を示すことのほうが多い。よって，これらの資料をうまく活用できるかがポイントになる。

　　アの記述は正しい。なぜなら，経営環境の変化が比較的小さい小売業，または業績が安定している小売業の場合，従来通りに販売計画を立てることが理にかなっているので，内部資料を中心に検討すべきといえよう。

　　一方，外部環境の変化が比較的大きい小売業，または業績が低迷している小売業の場合，現状を打破するような戦略的取組みが必要となる。よっ

表1　粗利益貢献度の計算表（例）

商品カテゴリー	売上高	構成比	粗利益率	積数	粗利益貢献度
	A	B	C	D＝B×C	Dの百分率
イ	464万円	34.4%	22.8%	7.84%	31.3%
ロ	343	25.4	26.8	6.81	27.1
ハ	258	19.1	19.8	3.78	15.1
ニ	173	12.8	30.6	3.92	15.6
ホ	112	8.3	33.0	2.74	10.9
合計	1,350	100.0	25.1	25.08	100.0

注）粗利益率の25.1%は，以下のようにして算出する。
　イ　464万円×22.8%＝105.8万円
　ロ　343万円×26.8%＝91.9万円
　ハ　258万円×19.8%＝51.0万円
　ニ　173万円×30.6%＝52.9万円
　ホ　112万円×33.0%＝37.0万円
　粗利益の合計338.6万円
　粗利益の合計338.6万円÷売上高合計1,350万円＝25.08%≒25.1%
出所：『販売士ハンドブック（発展編）』
（補足）
　　イ～ホの積数を合計すると，
　　7.84＋6.81＋3.78＋3.92＋2.74＝25.09
　　しかし，338.6÷1,350＝0.2508
　　つまり，25.08%が出ているので，合計の積数の欄が「25.08」となっている。

　て，地域別の市場動向データなど外部資料を中心に検討し，過去の販売実績データなどの内部資料は参考程度に利用することが理にかなっているといえる。

イ：商品カテゴリー別の採算状況を把握するために用いられる分析の方法として，「粗利益貢献度分析」と「交差比率貢献度分析」の2つがある。前者は最寄品を主体に扱う小売業のように，商品回転率が高く，在庫負担の比較的少ない業種で多く使われる。一方，後者は，買回品を主体に扱う小売業のように，商品回転率が低く，在庫資金の負担が重い業種でよく使われる。

ウ：表1が「粗利益貢献度分析」である。

　　商品カテゴリー〈イ〉の売上高は464万円であり，合計売上高は1,350万円なので，構成比は 464 ÷ 1,350 ＝ 0.3437　つまり，34.4%となる。積数＝構成比×粗利益率なので，積数＝ 0.344 × 0.228 ＝ 0.0784　つまり，7.84%となる。合計の積数は 25.08 なので，粗利益貢献度は 7.84 ÷

表2　交差比率貢献度の計算表（例）

商品カテゴリー	売上高	構成比	粗利益率	商品回転率	交差比率	積数	交差比率貢献度
	A	B	C	D	E＝C×D	F＝B×E	
イ	464万円	34.4%	22.8%	7.7回	175.6	60.39%	30.0%
ロ	343	25.4	26.8	6.2	166.2	42.20	21.0
ハ	258	19.1	19.8	12.9	255.4	48.79	24.3
ニ	173	12.8	30.6	9.1	278.5	35.64	17.7
ホ	112	8.3	33.0	5.1	168.3	13.97	7.0
合計	1,350	100.0	25.1	7.7	193.3	200.99	100.0

出所：『販売士ハンドブック（発展編）』

25.08 ＝ 0.3125　つまり，31.3％となる。

　　商品カテゴリー〈ロ〉～〈ホ〉についても，同様にして求める。

エ：表2が「交差比率貢献度分析」である。交差比率＝粗利益率×商品回転率

　　商品カテゴリー〈イ〉については，交差比率＝22.8 × 7.7 ＝ 175.56

つまり，175.6となる。積数＝構成比×交差比率なので，積数＝ 0.344 ×

175.56 ＝ 60.39（％）となる。合計の積数は200.99なので，交差比率貢

献度＝ 60.39 ÷ 200.99 ＝ 0.300　つまり，30.0％となる。

　　商品カテゴリー〈ロ〉～〈ホ〉についても，同様にして求める。

オ：粗利益貢献度分析と交差比率貢献度分析の結果の読み取り方は，ABC分

　析と同様である。つまり，売上構成比に比べ貢献度が高い商品カテゴリー

　と，貢献度自体が高い商品カテゴリーとをまず抽出し，残りを問題のある

　商品カテゴリーとする。

　　粗利益貢献度分析において，売上構成比に比べ貢献度が高い商品カテゴ

　リーとは，粗利益率が相対的に高い商品カテゴリーのことをいう。

正　解　□ ア 1　□ イ 2　□ ウ 1　□ エ 2　□ オ 2

□ 下表は,「粗利益貢献度の計算表」を示したものである。売上高, 構成比, 粗利益率から合計の粗利益率, 積数, 粗利益貢献度を求め, ( )に記入しなさい。

粗利益貢献度の計算表

商　品 カテゴリー	売上高	構成比	粗利益率	積数	粗利益貢献度
A	374万円	25.1%	25.7%	(2)%	(8)%
B	280	18.8	31.3	(3)	(9)
C	196	13.1	34.2	(4)	(10)
D	235	15.7	28.3	(5)	(11)
E	408	27.3	15.6	(6)	(12)
合計	1,493	100.0	(1)	(7)	100.0

計算式

合計粗利益率の計算

> 小数第2位を
> 四捨五入する

まず, 合計の粗利益額を計算する。

A　$374 \times 0.257 = 96.11 \to 96.1$　(万円)

B　$280 \times 0.313 = 87.64 \to 87.6$　(万円)

C　$196 \times 0.342 = 67.03 \to 67.0$　(万円)

D　$235 \times 0.283 = 66.50 \to 66.5$　(万円)

E　$408 \times 0.156 = 63.64 \to 63.6$　(万円)

　　　　　　　　　　　(合計) 380.8 (万円)

合計の粗利益率＝合計の粗利益額÷売上高

　　　　　　　　$= 380.8 \div 1493$

　　　　　　　　$= 0.2550$　　ゆえに, 25.50%

　ただ, 理論的には, 次に述べる, 積数(＝構成比×粗利益率)の合計値は, 全体の粗利益率に等しいものとなる。よって, 実際には, 上記のような計算をする必要はなく, 先に積数の計算をすればよい。

積数の計算

積数＝構成比×粗利益率

小数第３位を四捨五入する

A	$0.251 \times 25.7 = 6.450$ →	6.45%
B	$0.188 \times 31.3 = 5.884$ →	5.88%
C	$0.131 \times 34.2 = 4.480$ →	4.48%
D	$0.157 \times 28.3 = 4.443$ →	4.44%
E	$0.273 \times 15.6 = 4.258$ →	4.26%

25.51%

　この結果，合計の積数が 25.51 であるので，（1）と（7）はともに，25.51 となる。前ページの計算では，合計の粗利益率は 25.50％となるが，25.50 ＜ 25.51 となるのは，前ページにおいて合計の粗利益率の計算をする際，「小数第２位を四捨五入したこと」によるものである。

したがって，（1）は 25.51，（2）は 6.45，（3）は 5.88，（4）は 4.48
（5）は 4.44，（6）は 4.26，（7）は 25.51

粗利益貢献度の計算

粗利益貢献度＝各カテゴリーの積数÷合計の積数

小数第４位を四捨五入する

A	$6.45 \div 25.51 = 0.2528$ →	25.3%
B	$5.88 \div 25.51 = 0.2304$ →	23.0%
C	$4.48 \div 25.51 = 0.1756$ →	17.6%
D	$4.44 \div 25.51 = 0.1740$ →	17.4%
E	$4.26 \div 25.51 = 0.1669$ →	16.7%

100%

したがって，（8）は 25.3，（9）は 23.0，（10）は 17.6
（11）は 17.4，（12）は 16.7

トレーニング❷

☐ 下表は,「交差比率貢献度の計算表」を示したものである。売上高, 構成比, 粗利益率, 商品回転率から交差比率, 積数, 交差比率貢献度を求め,（　　）に記入しなさい。

交差比率貢献度の計算表

商品カテゴリー	売上高	構成比	粗利益率	商品回転率	交差比率	積数	交差比率貢献度
A	278万円	18.1%	12.7%	10.2回	（1）	（7）%	（13）%
B	451	29.3	18.3	7.6	（2）	（8）	（14）
C	390	25.3	32.1	6.1	（3）	（9）	（15）
D	185	12.0	20.8	8.3	（4）	（10）	（16）
E	236	15.3	25.5	5.4	（5）	（11）	（17）
合計	1,540	100.0	22.2	7.1	（6）	（12）	100.0

計算式

交差比率の計算

交差比率＝粗利益率×商品回転率

> 小数第2位を四捨五入する

- A　12.7 × 10.2 = 129.54 → 129.5
- B　18.3 × 7.6　= 139.08 → 139.1
- C　32.1 × 6.1　= 195.81 → 195.8
- D　20.8 × 8.3　= 172.64 → 172.6
- E　25.5 × 5.4　= 137.7　→ 137.7
- （合計）22.2 × 7.1　= 157.62 → 157.6

したがって,（1）は129.5,（2）は139.1,（3）は195.8
　　　　　　（4）は172.6,（5）は137.7,（6）は157.6

積数の計算

積数＝構成比×交差比率

小数第3位を
四捨五入する

A　0.181 × 129.5 ＝ 23.439 → 23.44
B　0.293 × 139.1 ＝ 40.756 → 40.76
C　0.253 × 195.8 ＝ 49.537 → 49.54
D　0.12　× 172.6 ＝ 20.712 → 20.71
E　0.153 × 137.7 ＝ 21.068 → 21.07

（合計）155.52

したがって，（7）は 23.44，（8）は 40.76，（9）は 49.54
　　　　　（10）は 20.71，（11）は 21.07，（12）は 155.52

交差比率貢献度

交差比率貢献度＝各カテゴリーの積数÷合計の積数

A　23.44 ÷ 155.52 ＝ 0.1507 → 15.1%
B　40.76 ÷ 155.52 ＝ 0.2620 → 26.2%
C　49.54 ÷ 155.52 ＝ 0.3185 → 31.9%
D　20.71 ÷ 155.52 ＝ 0.1331 → 13.3%
E　21.07 ÷ 155.52 ＝ 0.1354 → 13.5%

小数第4位を
四捨五入する

したがって，（13）は 15.1，（14）は 26.2，（15）は 31.9
　　　　　（16）は 13.3，（17）は 13.5

補足

上表では，商品カテゴリーA〜Eの商品回転率は以下のようになっている。ここでは，商品カテゴリーA〜Eの商品回転率から，合計の商品カテゴリーの商品回転率を計算する方法を示しておくことにする。

商品カテゴリー	商品回転率
A	10.2回
B	7.6
C	6.1
D	8.3
E	5.4

$$商品回転率（回）＝\frac{年間売上高}{平均商品在庫高}$$

商品カテゴリー	売上高	商品回転率
A	278万円	10.2回
B	451	7.6
C	390	6.1
D	185	8.3
E	236	5.4
合計	1,540	

Aの場合，　$10.2 = \dfrac{278}{平均商品在庫高}$ 　　平均商品在庫高＝27

Bの場合，　$7.6 = \dfrac{451}{平均商品在庫高}$ 　　平均商品在庫高＝59

Cの場合，　$6.1 = \dfrac{390}{平均商品在庫高}$ 　　平均商品在庫高＝64

Dの場合，　$8.3 = \dfrac{185}{平均商品在庫高}$ 　　平均商品在庫高＝22

Eの場合，　$5.4 = \dfrac{236}{平均商品在庫高}$ 　　平均商品在庫高＝44

以上より，

$$合計の商品カテゴリーの商品回転率＝\frac{売上高}{平均商品在庫高}$$

$$＝\frac{1,540}{27 + 59 + 64 + 22 + 44}$$

$$＝\frac{1,540}{216}$$

$$＝7.1 （回）$$

実力養成問題　販売目標の設定方法と販売計画の策定（3）
季節変動と月間販売計画の立て方（1）

□ 次のア～オは，季節変動と季節指数に関する記述である。正しいものには1を，誤っているものには2を記入しなさい。

ア　年間の総売上高が 10,200 万円であり，3月の季節指数が 95.0 であるとき，3月の売上高は 812 万円となる。

イ　5月の季節指数が 103.0 であり，5月の売上高は 320 万円であった。このとき，季節変動除去後の5月の売上高は約 306 万円である。

ウ　季節指数の求め方の1つとして特定年基準法があるが，この方法は冷夏・暖冬が繰り返されるなどの理由により，各年度の季節変動に大きな相違がみられるときに使われる。

エ　月別平均法は，年々の季節変動パターンが概ね似ており，しかも一時的変動などの不規則変動が少ないときに使われる。

オ　連環比率法は，過去3～5年の月別売上高を集計して平均を出し，それを合計して 12 で割ったものを月平均売上高として，これを基準(100)として各月の季節指数を出す方法である。

POINT!! 解説

　季節変動とは，月別の販売実績や季節ごとの販売実績の変動パターンをいう。また，季節指数とは，月または季節の平均を 100 として示した数値のことである。

ア：月平均の売上高が 100 万円で，1月の売上高が 120 万円，2月の売上高が 95 万円，3月の売上高が 100 万円のとき，季節指数は1月が 120（120 ÷ 100 × 100 ＝ 120），2月が 95（95 ÷ 100 × 100 ＝ 95），3月が 100（100 ÷ 100 × 100 ＝ 100）となる。

　したがって，季節指数がわかっていて，年間の総売上高が与えられると，各月の売上高を計算できることになる。

　年間の総売上高が 10,200 万円であるので，月平均の売上高＝ 10,200 ÷ 12 ＝ 850（万円），3月の季節指数は 95.0 であるので，3月の売上高を x（万円）とすると，次式が成立する。

$$850 : x = 100 : 95$$

$$100x = 80{,}750$$

$$x = 807.5 \text{（万円）} \qquad 3月の売上高は807万5,000円$$

イ：先に示したように，たとえば，1月の季節指数が120，2月が95，3月が100であったとする。そして，2月の売上高が95万円であったとする。このとき，季節変動除去後の2月の売上高をx円とすると，次式が成立する。

$$100 : 95 = x : 950{,}000 \quad 95x = 95{,}000{,}000 \quad x = 1{,}000{,}000 \text{（円）}$$

また，2月の売上高が105万円であったとすると，季節変動除去後の2月の売上高をx円とすると，次式が成立する。

$$100 : 95 = x : 1{,}050{,}000 \qquad 95x = 105{,}000{,}000$$

$$x = \frac{105{,}000{,}000}{95} = 1{,}105{,}263.157$$

よって，$x = 1{,}105{,}263$（円）となる。

したがって，5月の季節指数が103.0で，5月の売上高が320万円のとき，季節変動除去後の5月の売上高をx円とすると，次式が成立する。

$$100 : 103 = x : 3{,}200{,}000 \qquad 103x = 320{,}000{,}000$$

$$x = \frac{320{,}000{,}000}{103} = 3{,}106{,}796.11 \qquad x = 3{,}106{,}796 \text{（円）}$$

ウ：季節指数の求め方には，次のようなものがある。

・特定年基準法　・月別平均法（単純平均法）

・連環比率法

特定年基準法とは，実績値の中から最も標準的とみられる年度（または来期に当てはまるとみられる年度）を選んで季節指数を求める方法である。

エ：月別平均法とは，過去数年間の月別売上高を各月ごとに合計して平均を出し，その平均を12か月合計し，それを平均したものを100として各月の指数（季節指数）を算出する方法である。（「表　月別平均法による季節指数の計算（例）」を参照）

オ：連環比率法ではなく，月別平均法に関する記述である。

売上高の変動が激しい場合，月別平均法は適切な季節指数を表さないことがある。その場合に使用されるのが連環比率法で，月ごとの前月比を計算し，その前月比の平均値を季節変動値とみなす方法である。なお，連環比率法は経済学者のパーソンズにより考案された。

正解　□ ア 2　□ イ 2　□ ウ 1　□ エ 1　□ オ 2

表　月別平均法による季節指数の計算（例）

（単位：千円，%）

	20 期	21 期	22 期	合計	平均売上高(X)	1200%季節指数	100%季節指数
4 月	77,000	81,000	83,000	241,000	80,333	99.9	8.3
5 月	79,000	83,000	86,000	248,000	82,667	102.8	8.6
6 月	74,000	78,000	80,000	232,000	77,333	96.2	8.1
7 月	78,000	82,000	84,000	244,000	81,333	101.1	8.4
8 月	75,000	79,000	80,000	234,000	78,000	96.9	8.1
9 月	77,000	80,000	81,000	238,000	79,333	98.8	8.2
10 月	78,000	83,000	84,000	245,000	81,667	101.6	8.4
11 月	76,000	80,000	80,000	236,000	78,667	97.8	8.2
12 月	82,000	86,000	90,000	258,000	86,000	106.9	8.9
1 月	79,000	83,000	83,000	245,000	81,667	101.6	8.4
2 月	72,000	76,000	80,000	228,000	76,000	94.5	7.9
3 月	79,000	83,000	84,000	246,000	82,000	101.9	8.5
合計	926,000	974,000	995,000	2,895,000	965,000	1200	100

80,417(Y)

注）1200%季節指数
　　4 月：80,333 千円（X）÷80,471 千円（Y）×100＝99.9%
　　100%季節指数
　　4 月：80,333 千円（X）÷965,000 千円 ×100＝8.3%
出所：『販売士ハンドブック（発展編）』

＜上記の解説＞
・4 月の合計 241,000 は，20 期，21 期，22 期を合計したもの。
　　　77,000 ＋ 81,000 ＋ 83,000 ＝ 241,000
・合計の合計 2,895,000 は，4 月の合計～3 月の合計を加算したもの。
　　　241,000 ＋ 248,000 ＋…………＋ 246,000 ＝ 2,895,000
・4 月の平均売上高(X)は，241,000 ÷ 3 ≒ 80,333
　5 月の平均売上高(X)は，248,000 ÷ 3 ≒ 82,677
・80,417（Y）は，965,000 ÷ 12 ≒ 80416.66
　　　　　小数第 1 位を四捨五入し，80,417
・1200%季節指数とは，4 月の 99.9 ～ 3 月の 101.9 を合計すると，1200 になる。
・100%季節指数とは，4 月の 8.3 ～ 3 月の 8.5 を合計すると，100 になる。

連環比率法とは？

㊟出題頻度がすこぶる低いので，時間に余裕のない人は「連環比率法」について
はしっかり準備しなくてもよいと思われる。

連環比率法による「季節指数の求め方」は次の手順で行われる。

①過去数年間の月別販売実績データをもとに連環比率を求める

　　ここでは，話を簡単にするため，過去３年間の月別販売実績データをも
とにする。

商品A	月別販売実績（単位：万円）			連環比率		
	2018年	2019年	2020年	2018年	2019年	2020年
1月	200	220	210	1.0	1.83	1.5
2月	100	110	120	0.5	0.5	0.57
3月	400	420	440	4.0	3.82	3.67
4月	250	260	280	0.63	0.62	0.64
5月	120	110	100	0.48	0.42	0.36
6月	60	80	60	0.5	0.73	0.6
7月	80	100	90	1.33	1.25	1.5
8月	100	120	90	1.25	1.2	1.0
9月	200	180	170	2.0	1.5	1.89
10月	300	320	340	1.5	1.78	2.0
11月	280	300	290	0.93	0.94	0.85
12月	120	140	120	0.43	0.47	0.41
合計	2,210	2,360	2,310			

・**第１年目の最初の月の連環比率は売上高に関係なく「１」とする**

　　連環比率を求める際のポイントは，第１年目の最初の月は売上高に関係
なく，「１」とすることである。よって，2018年１月の連環比率は
「１」となる。

　　2018年２月以降の連環比率は次のように求める。

$$連環比率 = \frac{各月の販売実績}{前月の販売実績}$$

よって，2018年２月の連環比率 $= \dfrac{2018年２月の販売実績}{2018年１月の販売実績}$

$$= \frac{100}{200} = 0.5$$

2018年3月の連環比率 $= \dfrac{2018年3月の販売実績}{2018年２月の販売実績}$

$$= \frac{400}{100} = 4.0$$

$$2019年1月の連環比率 = \frac{2019年1月の販売実績}{2018年12月の販売実績}$$

$$= \frac{220}{120} = 1.833 \leftarrow \boxed{小数第3位を四捨五入する}$$

$$= 1.83$$

②各月ごとの連環比率の中央値を求める

例えば，「1月」の場合，

2018年1月　　1.0 ⎫
2019年1月　　1.83 ⎬ この3つのうち，中央値は1.5
2020年1月　　1.5 ⎭ したがって，中央値は1.5となる。

なお，データの年数が偶数の場合（たとえば，2018年，2019年，2020年，2021年），中央をはさむ2期の平均の値を中央値とする。例えば，2021年1月の連環比率が1.7とすると，数値の大きい順に並べると次のようになる。

1.83　　1.7　　1.5　　1.0　　【中央】

よって，中央をはさむ2期の平均値となると，

$$\frac{1.7+1.5}{2} = 1.6 \quad 中央値は1.6$$

	中央値	仮指数
1月	1.5	100
2月	0.5	50
3月	3.82	191
4月	0.63	120
5月	0.42	50
6月	0.6	30
7月	1.33	40
8月	1.2	48
9月	1.89	91
10月	1.78	162
11月	0.93	151
12月	0.43	65

③各月ごとの仮指数を求める

ここでのポイントは，最初の月，上表では1月を100とすることである。

そして，2月以降の仮指数は次のように求める。

2月以降の仮指数＝前月の仮指数×当月の中央値

よって，2月の仮指数＝1月の仮指数×2月の中央値

$$=100×0.5$$
$$=50$$

3月の仮指数＝2月の仮指数×3月の中央値

$$=50×3.82$$
$$=191$$

4月の仮指数＝3月の仮指数×4月の中央値

$$=191×0.63=120.3$$ ← 小数第1位を四捨五入する
$$=120$$

④**各月ごとの季節指数を求める**

下表にある「P」と「Q」に着目してもらいたい。

P ＝12月の仮指数×1月の中央値

$$=65×1.5=97.5$$ ← 小数第1位を四捨五入する

P ＝98

また，$Q=\dfrac{P-100}{12}=\dfrac{98-100}{12}=\dfrac{-2}{12}=-\dfrac{1}{6}=-0.16$ ← 小数第2位を四捨五入する

Q ＝−0.2

	中央値	仮指数	季節指数	修正季節指数
1月	1.5	100	100	108
2月	0.5	50	50	54
3月	3.82	191	191	205
4月	0.63	120	121	130
5月	0.42	50	51	55
6月	0.6	30	31	33
7月	1.33	40	41	44
8月	1.2	48	49	53
9月	1.89	91	93	100
10月	1.78	162	164	176
11月	0.93	151	153	165
12月	0.43	65	67	72
P	98	93	←平均季節指数	
Q	−0.2			

第1章

第2章

第3章

第4章

第5章

第6章

模擬テスト

・1月の季節指数を100とする

　　ここでもポイントは，1月の季節指数を100とすること。

　　また，2月以降の季節指数については次のように求める。

　　　　2月の季節指数＝2月の仮指数－Q

　　　　　　　　　　　＝50－(－0.2)＝50＋0.2＝50.2

（小数第1位を四捨五入する）

　　　　　ゆえに，50

　　　　3月の季節指数＝3月の仮指数－2Q

　　　　　　　　　　　＝191－2×(－0.2)＝191＋0.4＝191.4

　　　　　ゆえに，191

　　　　4月の季節指数＝4月の仮指数－3Q＝120－3×(－0.2)

　　　　　　　　　　　＝120＋0.6＝120.6

　　　　　ゆえに，121

　　同様にして，5～12月の季節指数を求める。

　　1～12月の季節指数を計算したら，次にそれらを使って平均季節指数を求める。

$$平均季節指数＝\frac{100+50+191+121+51+31+41+49+93+164+153+67}{12}$$

$$＝\frac{1,111}{12}＝92.5$$

（小数第1位を四捨五入する）

　　平均季節指数＝93

⑤各月ごとの修正季節指数を求める

$$修正季節指数＝\frac{各月の季節指数}{平均季節指数}×100$$

$$1月の修正季節指数＝\frac{100}{93}×100＝107.5$$

（小数第1位を四捨五入する）

　　　ゆえに，108

$$2月の修正季節指数＝\frac{50}{93}×100＝53.7$$

　　　ゆえに，54

$$3月の修正季節指数＝\frac{191}{93}×100＝205.3$$

　　　ゆえに，205

⑥季節変動除去後の各月売上高

2020年の各月の月別販売実績は下表の通りである。また，各月の修正季節指数も下表の通りである。この２つを使って，2020年の各月の季節変動除去後の販売額を計算すると，次のようになる。

$$各月の季節変動除去後の販売額＝\frac{各月の月別販売実績}{各月の修正季節指数÷100}$$

$$2020年１月の季節変動除去後の販売額＝\frac{2020年１月の販売実績}{１月の修正季節指数÷100}$$

$$＝\frac{210}{108÷100}＝\frac{210}{1.08}$$

$$＝194.4$$

ゆえに，194

$$2020年２月の季節変動除去後の販売額＝\frac{2020年2月の販売実績}{2月の修正季節指数÷100}$$

$$＝\frac{120}{54÷100}＝\frac{120}{0.54}$$

$$＝222.2$$

ゆえに，222

	月別販売実績（万円）2020年	修正季節指数	季節変動除去後の2020年の各月の販売額（万円）
1月	210	108	194
2月	120	54	222
3月	440	205	215
4月	280	130	215
5月	100	55	182
6月	60	33	182
7月	90	44	205
8月	90	53	170
9月	170	100	170
10月	340	176	193
11月	290	165	176
12月	120	72	167

$$2020年３月の季節変動除去後の販売額＝\frac{2020年3月の販売実績}{3月の修正季節指数\div100}$$

$$=\frac{440}{205\div100}=\frac{440}{2.05}$$

$$=214.6$$

ゆえに，215

$$2020年11月の季節変動除去後の販売額＝\frac{2020年11月の販売実績}{11月の修正季節指数\div100}$$

$$=\frac{290}{165\div100}$$

$$=175.7$$

ゆえに，176

$$2020年12月の季節変動除去後の販売額＝\frac{2020年12月の販売実績}{12月の修正季節指数\div100}$$

$$=\frac{120}{72\div100}$$

$$=166.6$$

ゆえに，167

⑦次年度の年間売上高予算が決まっている場合

　修正季節指数が判明していて，次年度の年間売上高予算が決まった場合，次年度の月別売上高予算は次のように計算する。

　2021年の年間売上高予算が2,600万円の場合

　2021年各月の売上高予算＝2,600×各月の修正季節指数÷1,200

　2021年１月の売上高予算＝2,600×108÷1,200

$$=234$$

　2021年２月の売上高予算＝2,600×54÷1,200

$$=117$$

　2021年３月の売上高予算＝2,600×205÷1,200

$$=444$$

	修正季節指数	2021年各月の 売上高予算
1月	108	234
2月	54	117
3月	205	444
4月	130	282
5月	55	119
6月	33	72
7月	44	95
8月	53	115
9月	100	217
10月	176	381
11月	165	358
12月	72	156

▌ トレーニング1

☐ 下表は，連環比率法により求めた中央値である。この中央値をもとに仮指数，季節指数を計算したとき，ア〜オに入る仮指数および季節指数はいくらか。なお，仮指数，P，季節指数を求める際には小数第1位を四捨五入，Qを求める際には小数第2位を四捨五入しなさい。

	中央値	仮指数	季節指数
1月	1.15		
2月	1.39	ア	
3月	0.75		
4月	1.58		エ
5月	2.0	イ	
6月	1.29		
7月	1.36		
8月	0.59		
9月	0.75	ウ	
10月	0.4		
11月	1.0		オ
12月	0.69		
	P		
	Q		

解答例　》》

仮指数は最初の月を100とするので，1月の仮指数は100となる。
そして，2月以降の仮指数＝前月の仮指数×当月の中央値

　　　2月の仮指数＝100 × 1.39 ＝ 139　　　　　　　　139
　　　3月の仮指数＝139 × 0.75 ＝ 104.25　　　　　　 104
　　　4月の仮指数＝104 × 1.58 ＝ 164.32　　　　　　 164
　　　5月の仮指数＝164 × 2.0 　＝ 328　　　　　　　 328

6月の仮指数 = 328 × 1.29 = 423.12   423

7月の仮指数 = 423 × 1.36 = 575.28   575

8月の仮指数 = 575 × 0.59 = 339.25   339

9月の仮指数 = 339 × 0.75 = 254.25   254

10月の仮指数 = 254 × 0.4 = 101.6   102

11月の仮指数 = 102 × 1.0 = 102   102

12月の仮指数 = 102 × 0.69 = 70.38   70

P = 12月の仮指数 × 1月の中央値

  = 70 × 1.15 = 80.5   81

$Q = \dfrac{81 - 100}{12} = \dfrac{-19}{12} = -1.58$ -1.6

季節指数についても，最初の月を 100 とするので，1月の季節指数は 100 となる。

2月の季節指数 = 2月の仮指数 − Q

            = 139 − (− 1.6) = 140.6   141

3月の季節指数 = 3月の仮指数 − 2Q

            = 104 − 2 × (− 1.6) = 107.2   107

4月の季節指数 = 4月の仮指数 − 3Q

            = 164 − 3 × (− 1.6) = 168.8   169

5月の季節指数 = 5月の仮指数 − 4Q

            = 328 − 4 × (− 1.6) = 334.4   334

6月の季節指数 = 6月の仮指数 − 5Q

            = 423 − 5 × (− 1.6) = 431   431

7月の季節指数 = 7月の仮指数 − 6Q

            = 575 − 6 × (− 1.6) = 584.6   585

8月の季節指数 = 8月の仮指数 − 7Q

            = 339 − 7 × (− 1.6) = 350.2   350

9月の季節指数 = 9月の仮指数 − 8Q

            = 254 − 8 × (− 1.6) = 266.8   267

10月の季節指数 = 10月の仮指数 − 9Q

            = 102 − 9 × (− 1.6) = 116.4   116

$$11月の季節指数 = 11月の仮指数 - 10 \, Q$$
$$= 102 - 10 \times (-1.6) = 118 \quad 118$$
$$12月の季節指数 = 12月の仮指数 - 11 \, Q$$
$$= 70 - 11 \times (-1.6) = 87.6 \quad 88$$

〔答〕ア　139　　イ　328　　ウ　254　　エ　169　　オ　118

■ トレーニング 2

□ 下表は，2020年の月別販売実績（万円）と，2018年から2020年の月別販売実績をもとに連環比率法により求めた季節指数である。

(1) ア，イの修正季節指数を求めなさい。なお，小数第1位を四捨五入。
(2) ウ，エ，オの季節変動除去後の2020年の販売額（万円）を求めなさい。なお，小数第1位を四捨五入。

	月別販売実績（万円）2020年	季節指数	修正季節指数	季節変動除去後の2020年各月の販売額（万円）
1月	23	100		ウ
2月	32	141		
3月	24	107	ア	
4月	38	169		
5月	82	334		
6月	106	431		エ
7月	140	585		
8月	82	350	イ	
9月	60	267		
10月	24	116		
11月	26	118		
12月	18	88		オ

(1)修正季節指数 $= \dfrac{\text{各月の季節指数}}{\text{平均季節指数}} \times 100$

平均季節指数 $= \dfrac{1\text{月の季節指数} + \cdots\cdots + 12\text{月の季節指数}}{12}$

$= \dfrac{100+141+107+169+334+431+585+350+267+116+118+88}{12}$

$= \dfrac{2{,}806}{12}$

$= 233.8$　　　　平均季節指数 $= 234$

1月の修正季節指数 $= \dfrac{100}{234} \times 100 = 42.7$　　43

2月の修正季節指数 $= \dfrac{141}{234} \times 100 = 60.2$　　60

3月の修正季節指数 $= \dfrac{107}{234} \times 100 = 45.7$　　46

4月の修正季節指数 $= \dfrac{169}{234} \times 100 = 72.2$　　72

5月の修正季節指数 $= \dfrac{334}{234} \times 100 = 142.7$　　143

6月の修正季節指数 $= \dfrac{431}{234} \times 100 = 184.1$　　184

7月の修正季節指数 $= \dfrac{585}{234} \times 100 = 250$　　250

8月の修正季節指数 $= \dfrac{350}{234} \times 100 = 149.5$　　150

9月の修正季節指数 $= \dfrac{267}{234} \times 100 = 114.1$　　114

10月の修正季節指数 $= \dfrac{116}{234} \times 100 = 49.5$　　50

11月の修正季節指数 $= \dfrac{118}{234} \times 100 = 50.4$　　50

12月の修正季節指数 $= \dfrac{88}{234} \times 100 = 37.6$　　38

〔答〕ア　46　　イ　150

(2)各月の季節変動除去後の販売額 = $\dfrac{\text{各月の月別販売実績}}{\text{各月の修正季節指数} \div 100}$

2020年1月の季節変動除去後の販売額

$= \dfrac{\text{2020年1月の販売実績}}{\text{1月の修正季節指数} \div 100} = \dfrac{23}{43 \div 100} = 53.4$　53

2020年2月の季節変動除去後の販売額

$= \dfrac{\text{2020年2月の販売実績}}{\text{2月の修正季節指数} \div 100} = \dfrac{32}{60 \div 100} = 53.3$　53

2020年3月の季節変動除去後の販売額

$= \dfrac{\text{2020年3月の販売実績}}{\text{3月の修正季節指数} \div 100} = \dfrac{24}{46 \div 100} = 52.1$　52

2020年4月の季節変動除去後の販売額

$= \dfrac{\text{2020年4月の販売実績}}{\text{4月の修正季節指数} \div 100} = \dfrac{38}{72 \div 100} = 52.7$　53

2020年5月の季節変動除去後の販売額

$= \dfrac{\text{2020年5月の販売実績}}{\text{5月の修正季節指数} \div 100} = \dfrac{82}{143 \div 100} = 57.3$　57

2020年6月の季節変動除去後の販売額

$= \dfrac{\text{2020年6月の販売実績}}{\text{6月の修正季節指数} \div 100} = \dfrac{106}{184 \div 100} = 57.6$　58

2020年7月の季節変動除去後の販売額

$= \dfrac{\text{2020年7月の販売実績}}{\text{7月の修正季節指数} \div 100} = \dfrac{140}{250 \div 100} = 56$　56

2020年8月の季節変動除去後の販売額

$= \dfrac{\text{2020年8月の販売実績}}{\text{8月の修正季節指数} \div 100} = \dfrac{82}{150 \div 100} = 54.6$　55

2020年9月の季節変動除去後の販売額

$= \dfrac{\text{2020年9月の販売実績}}{\text{9月の修正季節指数} \div 100} = \dfrac{60}{114 \div 100} = 52.6$　53

2020年12月の季節変動除去後の販売額

$= \dfrac{\text{2020年12月の販売実績}}{\text{12月の修正季節指数} \div 100} = \dfrac{18}{38 \div 100} = 47.3$　47

〔答〕　ウ　53　　エ　58　　オ　47

第1章

第2章

第3章

第4章

第5章

第6章

模擬テスト

□ 各月の修正季節指数は下表の通りである。このとき，2021年の年間売上高予算が720万円の場合，2021年の月別売上高予算はいくらになるか。ア～オの〔　　〕に適当な数字を記入しなさい。なお，小数第1位を四捨五入しなさい。

	修正季節指数	2021年各月の売上高予算
1月	43	〔ア〕
2月	60	
3月	46	
4月	72	〔イ〕
5月	143	
6月	184	〔ウ〕
7月	250	
8月	150	
9月	114	〔エ〕
10月	50	
11月	50	
12月	38	〔オ〕

解答例 ≫≫

　2021年の年間売上高予算が720万円であるので，次式が成立する。

2021年各月の売上高予算 = 720 × 各月の修正季節指数 ÷ 1,200

2021年1月の売上高予算 = 720 × 43 ÷ 1,200

　　　　　　　　　　　 = 25.8　　　　　　26

2021年2月の売上高予算 = 720 × 60 ÷ 1,200

　　　　　　　　　　　 = 36　　　　　　　36

2021年3月の売上高予算 = 720 × 46 ÷ 1,200

　　　　　　　　　　　 = 27.6　　　　　　28

2021年4月の売上高予算 = 720 × 72 ÷ 1,200

　　　　　　　　　　　 = 43.2　　　　　　43

2021年5月の売上高予算 = 720 × 143 ÷ 1,200

　　　　　　　　　　　 = 85.8　　　　　　86

2021年6月の売上高予算 = 720 × 184 ÷ 1,200

　　　　　　　　　　　 = 110.4　　　　　110

2021年7月の売上高予算 = 720 × 250 ÷ 1,200

　　　　　　　　　　　 = 150　　　　　　150

2021年8月の売上高予算 = 720 × 150 ÷ 1,200

　　　　　　　　　　　 = 90　　　　　　　90

2021年9月の売上高予算 = 720 × 114 ÷ 1,200

　　　　　　　　　　　 = 68.4　　　　　　68

2021年10月の売上高予算 = 720 × 50 ÷ 1,200

　　　　　　　　　　　 = 30　　　　　　　30

2021年11月の売上高予算 = 720 × 50 ÷ 1,200

　　　　　　　　　　　 = 30　　　　　　　30

2021年12月の売上高予算 = 720 × 38 ÷ 1,200

　　　　　　　　　　　 = 22.8　　　　　　23

〔答〕ア　26　　イ　43　　ウ　110　　エ　68　　オ　23

□ 次のア〜オは，月別・商品カテゴリー別販売計画の立案方法に関
する記述である。正しいものには1を，誤っているものには2を
記入しなさい。

ア 商品カテゴリー別販売目標の決定にあたっては，時系列分析に
よる商品カテゴリー別販売可能額の予測，相関分析による商品カ
テゴリー別販売可能額の予測などを総合的に検討することにな
る。

イ 商品カテゴリーごとの季節変動がそれほど大きくない小売店で
は，まず，季節指数によって総販売目標を各月別に割り当て，月
別の販売目標を決定する。

ウ 毎月の商品カテゴリー別販売目標を達成するために，誰が，何
を，いつ，どのような方法で取り組んだらよいかというように，
従業員に目標意識を抱かせ，目標達成に対する貢献意欲を引き出
す方法が目標管理である。

エ 目標を達成するうえで最も重要なことは，トップダウンの方式
で目標を設定し，それを実現するために必要な責任権限の委譲を
行うことである。

オ 販売計画の策定にあたっては，各担当者に来月の月別販売目標
などを提出させるが，その値が十分でないときには上司が目標値
を具体的に指示する。

POINT!! 解説

ア：次図の「販売計画の策定手順と販売管理」を見てみよう。これからわかる
ように，「時系列分析による商品カテゴリー別販売可能額の予測」などを総
合的に検討することで，「商品カテゴリー別販売目標を決定」する。そして，
これにもとづいて，「商品カテゴリー別販売計画」と「月別販売計画」を策定
する。

イ：商品カテゴリーごとの季節変動がそれほど大きくない小売店では，まず，
季節指数によって総販売目標を各月別に割り当て，月別の販売目標を決定

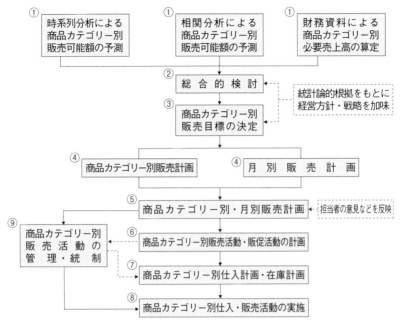

図　販売計画の策定手順と販売管理

出所：『販売士ハンドブック（発展編）』

する。そして，次に，商品カテゴリー別分析の結果をもとに，毎月の商品カテゴリー別販売目標を決定する。

　商品カテゴリーごとの季節変動が大きい業種の小売店では，まず，総販売目標を商品カテゴリー別に割り当てる。次に，商品カテゴリーごとの季節指数をもとに商品カテゴリー別・月別販売計画を策定する。

ウ：なお，目標管理（result management）を実施するに際しては，目標を達成するうえで，責任と権限の委譲が必要となる。

エ：目標を達成するうえで最も重要なことは，トップダウンの方式ではなく，ボトムアップの方式で目標の設定や計画の策定に従業員を参加させることである。

オ：各担当者が提出した目標値が十分なものでなくても，上司は「こうしなさい」などと指示するのではなく，指示はすべて「この商品はどうか」「こういう売り方はどうか」という質問形式により，担当者が自ら目標値を改めるようもっていく。

正解 □ア1　□イ1　□ウ1　□エ2　□オ2

□ 次の文中の〔　　〕の部分に，下記の語群のうち最も適当なものを選びなさい。

　　小売業の基本的業務は，〔ア〕を基準とした販売計画書を作成し，それを忠実に実行していくことである。〔ア〕単位で実施すべき販売業務には，〔イ〕に合わせた催事，〔ウ〕の企画および実施などがある。

　　一方，小売業における〔エ〕を進めるうえでは，「商品カテゴリー別に厳選した仕入，販売予測」，「商品カテゴリー別にみた商品選定と販売促進企画」，「店全体・部署別・販売員別の販売計画」，「販売の〔オ〕」などに留意する必要がある。特に，「店内と店外での売れ筋商品と死に筋商品の把握と販売対策」となどの〔オ〕は販売管理政策において重要である。

〈語　群〉

①季節　　　　②地域行事　　　③月間販売計画
④先行管理　　⑤１週間　　　　⑥特売計画
⑦１か月　　　⑧週間販売計画　⑨市場調査
⑩管理計画

POINT!! 解説

ア〜ウ：小売業の基本的業務は，１週間を基準とした販売計画書を作成し，実行することにある。なぜなら，年間や月間を単位とした販売管理では，今日の成熟した消費市場の変化や国民の祝・祭日，そして地域行事などにきめ細かく対応できないためである。

　　ハンドブックでは，１週間単位で実施すべき販売業務として，次のものを挙げている。

・地域行事に合わせた催事
・特売計画の企画および実施
・国民の祝・祭日に合わせた催事
・販売計画の検討および修正
・死に筋商品の排除と売れ筋商品の選定

・販売員別週間販売計画の検討および実行

・商品カテゴリー別のディスプレイ変更および売場演出　など

エ：ハンドブックでは，小売業における週間販売計画を進めるうえで，次の
　　点に留意すべきだとしている。

・商品カテゴリー別に厳選した仕入，販売予測，利益管理，在庫管理

・商品カテゴリー別にみた商品選定と販売促進企画

・店全体，部署別，販売員別の販売計画

・販売の先行管理

オ：ハンドブックは，このほかに，次のような先行管理が販売管理政策にお
　　いて重要であるとしている。

・商品カテゴリー別売れ筋商品の欠品防止対策

・商品カテゴリー別販売分析と次期の基本的フロアレイアウト計画の策定

・特売計画の企画と仕入交渉

第1章

第2章

第3章

第4章

第5章

第6章

模擬テスト

正　解　　□ ア ⑤　　□ イ ②　　□ ウ ⑥　　□ エ ⑧　　□ オ ④

□ 次の文中の〔　　〕の部分に，下記の語群のうち最も適当なもの
を選びなさい。

Ｚチャートの作成は次の手順で行う。

(1) 当月の〔ア〕を月末日付の縦軸上にプロットし，それと〔イ〕とを
直線で結んで計画線を引く。

(2) 月初からの〔ウ〕を計算し，それをグラフに書き込んでいく。そ
れらの点を結んだものが実績線である。したがって，その日まで
の〔ウ〕が計画を下回っていれば，実績線は計画線より〔エ〕になる。

(3) その日を含む〔オ〕の累計が累計線である。この線により，最近
の販売傾向が概観できる。

〈語　群〉

①上　　　　　　　②毎日の売上高　　　③０点(原点)

④下　　　　　　　⑤売上累計　　　　　⑥必要売上高

⑦前１週間　　　　⑧販売目標　　　　　⑨横軸上の点

⑩前１か月間

POINT!! 　解説

Ｚチャートは，月ごとに毎日の計画達成状況を管理するために活用される
ものである。その作成手順は次の通りである。

(1)まず，図「Ｚチャートの例」を見てみよう。図中の計画線は，当月の販売
目標(14,697)を月末日付の縦軸上にプロットし，それと０点(原点)とを直
線で結んだものである。

(2)次に，表「Ｚチャート用データ(例)」を見てみよう。本月の１日の売上高
は837，２日の売上高は０，３日の売上高は489となっている。したがっ
て，１日から３日までの売上累計は1,326となる。また，１日から５日ま
での売上累計は1,881となる。ここで再度，図「Ｚチャートの例」を見ると，
横軸上の点５における実績累計の値は1,881となっている。また横軸上の
点10における実績累計の値は4,622，点15における実績累計の値は8,085
となっている。

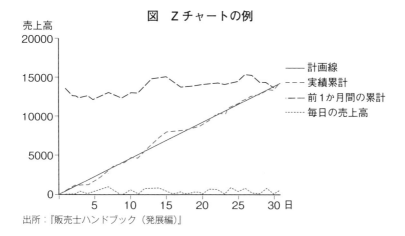

図　Zチャートの例

出所：『販売士ハンドブック（発展編）』

　横軸上の点5，つまり5日においては，図に示されているように実績累計が計画線より下に位置していることから，売上累計が計画を下回っていることになる。15日においては，実績累計が計画線より上に位置しているので，売上累計が計画を上回っていることになる。

(3) 累計線は図「Zチャートの例」に示されている4つの線のうち，最も上に描かれている線である。

　表「Zチャート用データ（例）」を見てみよう。累計線の1日から31日までの値は，表の移動合計の値である。移動合計とは，その日を含む前1か月間の累計のことである。たとえば，日付1の移動合計13,793は，先月2日から本月1日までの実績を合計したものである。よって，先月2日から先月末日までの売上高の累計は，13,793 − 837 = 12,956　となる。

　図の累計線を見ると，月中の15日までは増加傾向がみられるが，それ以後は低迷気味であることがわかる。つまり，累計線を見ることで，最近の販売傾向が概観できることになる。

　なお，毎日の売上高は図の最も下に描かれている線で示されている。累計線，実績線，毎日の売上高を示す線の3つを結ぶと，そこにZ型の線が現れるので，このグラフはZチャートと呼ばれる。

正解　□ ア⑧　□ イ③　□ ウ⑤　□ エ④　□ オ⑩

表 Zチャート用データ(例)

日付	先月実績	累計	本月実績	累計	移動合計
1	664	664	837	837	13,793
2	791	1,455	0	837	13,002
3	925	2,380	489	1,326	12,566
4	0	2,380	141	1,467	12,707
5	800	3,180	414	1,881	12,321
6	335	3,515	686	2,567	12,672
7	447	3,962	986	3,553	13,211
8	700	4,662	365	3,918	12,876
9	313	4,975	0	3,918	12,563
10	154	5,129	704	4,622	13,113
11	0	5,129	170	4,792	13,283
12	101	5,230	929	5,721	14,111
13	29	5,259	955	6,676	15,037
14	759	6,018	829	7,505	15,107
15	440	6,458	580	8,085	15,247
16	798	7,256	0	8,085	14,449
17	843	8,099	280	8,365	13,886
18	0	8,099	66	8,431	13,952
19	178	8,277	448	8,879	14,222
20	186	8,463	148	9,027	14,184
21	665	9,128	864	9,891	14,383
22	579	9,707	657	10,548	14,461
23	195	9,902	0	10,548	14,266
24	612	10,514	836	11,384	14,490
25	0	10,514	374	11,758	14,864
26	169	10,683	874	12,632	15,569
27	466	11,149	79	12,711	15,182
28	902	12,051	161	12,872	14,441
29	766	12,817	873	13,745	14,548
30	803	13,620	0	13,745	13,745
31			952	14,697	14,697

出所：旧版『販売士検定試験　1級ハンドブック』

実力養成問題　販売目標の設定方法と販売計画の策定（7）
販売割当

第1章

第2章

第3章

第4章

第5章

第6章

模擬テスト

□ 次のア～オは，販売割当に関する記述である。正しいものには1
を，誤っているものには2を記入しなさい。

ア　販売割当を行う場合，販売高だけでなく，利益額も同時に割り
　　当てる必要がある。

イ　相乗比率とは，販売高構成比と粗利益率を掛け合わせたもので，
　　この合計が店舗全体の平均粗利益率となる。

ウ　店舗全体の平均粗利益率を上昇させるためには，粗利益率は低
　　いものの，販売高構成比の大きい部門の全体に占める割合をさら
　　に高めるとよい。

エ　販売員1人ひとりに販売予算を割り当てるのは非常に難しいの
　　で，店舗ごとに販売員をいくつかのチームに分け，そのチームに
　　販売予算を与えるとよい。

オ　割り当てられる販売目標額は，達成不可能なものであると販売
　　員のモラールが著しく低下するので，それは達成が容易なもので
　　ある必要がある。

POINT!! 解説

ア：販売割当とは，計画販売高（販売目標）をさまざまな基準により分割し，
　　それぞれに割り当てることである。たとえば，チェーンストアの場合，販
　　売目標を店別，売場別，フロア別（商品カテゴリー別），販売員別というよ
　　うに，現場単位ごとに下部へ順次割り当てる方法をとっている。

　　　なお，販売割当を行う場合，販売高だけを割り当てると，その目標を達
　　成するためバーゲンセールや特売などといった安易な方法をとり，利益額
　　や利益率の減少を招くことになる。したがって，それを防ぐため，販売高
　　とともに利益額を割り当てる必要がある。

イ：表1を見てみよう。A商品部門の販売高は2,500万円で，全体の販売高
　　は10,000万円である。したがって，A商品部門の販売高構成比は，2,500
　　÷10,000＝0.25　つまり，25％となる。また，表1に示されるように，
　　A商品部門の粗利益率は28％である。したがって，A商品部門の相乗比率

は，0.25 × 0.28 ＝ 0.07　つまり，7.0％となる。

　　B 商品部門の相乗比率は，0.17 × 0.3 ＝ 0.051　つまり，5.1％。A 商
品部門から E 商品部門の相乗比率を合計すると，7.0 ＋ 5.1 ＋ 8.36 ＋ 1.8
＋ 3.78 ＝ 26.04（％）となる。合計の相乗比率は店舗全体の平均粗利益率
を示すことから，店舗全体の平均粗利益率は 26.04％となる。

ウ：表 1 から，店舗全体の平均粗利益率は 26.04％である。しかし，割り当
　　てられた平均粗利益率が 27％であった場合，表 2 のように B 商品部門と
　　C 商品部門の販売高を変更しなければならない。

　　　割り当てられた平均粗利益率が 27％であるので，粗利益率が 27％を超
　　えている A 商品部門，B 商品部門，D 商品部門の販売高を増加させる必要
　　がある。表 2 においては，B 商品部門の販売高だけを増加させることで，
　　これに対処している。

　　　一方，粗利益率が 27％を下回っている C 部門の販売高を減少させる必
　　要がある。

　　　この結果，表 2 の合計の相乗比率は 27.08％となっている。

　　　なお，店舗全体の平均粗利益率を上昇させるためには，表 2 のように，
　　粗利益率の高い商品部門の販売高を増加させればよい。しかし，実際にこ
　　れを現実のものとするには B 商品部門の商品の陳列場所を目立つところに
　　移動させ，かつ，商品の種類を増やすとともに，販売員に推奨販売を指示
　　するなど販売戦略を変更する必要がある。

エ：販売員 1 人ひとりに販売予算を割り当てると顧客の奪い合いや顧客の要
　　望を無視した押付け販売が横行し，店自体が顧客からの信頼を失うことに
　　なる。したがって，店舗ごとに販売員をいくつかのチームに分け，それぞ
　　れのチームに販売予算を与えるとよい。なお，その際，各チームともメン
　　バーの構成を考慮して，その実力に応じてチームの販売予算を決めなくて
　　はならない。

オ：割り当てられる販売目標額が達成容易なものであっても，販売員のモラ
　　ールを著しく低下させることになる。したがって理想とすれば，努力次第
　　で達成可能であるが，少し手を抜くと達成不可能というラインが最もやる
　　気を起こさせることになる。

表1 商品カテゴリー別販売目標額（例）

商品カテゴリー	販売目標額	販売高構成比	粗利益率	相乗比率
A	2,500万円	25%	28%	7.0%
B	1,700	17	30	5.1
C	3,800	38	22	8.36
D	600	6	30	1.8
E	1,400	14	27	3.78
合計	10,000	100	―	26.04

表2 修正された商品カテゴリー別販売目標額（例）

商品カテゴリー	販売目標額	販売高構成比	粗利益率	相乗比率
A	2,500万円	25%	28%	7.0%
B	3,000	30	30	9.0
C	2,500	25	22	5.5
D	600	6	30	1.8
E	1,400	14	27	3.78
合計	10,000	100	―	27.08

出所：『販売士ハンドブック（発展編）』

正解 □ ア 1 □ イ 1 □ ウ 2 □ エ 1 □ オ 2

実力養成問題　販売計画における予算管理 (1)
予算管理と利益計画 (1)

□ 次のア〜オは，マーケティング戦略と予算管理に関する記述である。正しいものには1を，誤っているものには2を記入しなさい。

ア　マーケティング戦略は，企業目的・目標を前提に，市場環境，経営資源，新・旧商品などの状況の諸要因を勘案しながら策定する。

イ　中・長期経営計画はマーケティング戦略にもとづき策定し，短期的実行計画は中・長期経営計画を実現するためのものでなくてはならない。

ウ　マスタープランは中・長期の目標を達成するための具体的方法を記した実行プランのことで，これは短期的実行計画とは別個のものである。

エ　予算編成は，短期的実行計画に示される目標利益の実現を具体化するもので，中・長期的な視野に立つ戦略との関連性はほとんどない。

オ　予算管理が予算統制と称されるのは，従来，予算管理が経費削減のための締付けの手段であると考えられたりしたことによるものである。

POINT!! 解説

ア：図「戦略・計画・予算編成の関係」を見れば，容易に正しい記述だとわかる。小売業が存続・発展をとげていくにはマーケティング戦略を策定しなければならない。言い換えれば，存続・発展をとげるためには，市場環境に積極的に働きかけ，長期的に必要な目標利益を達成する必要がある。

イ：中・長期経営計画にもとづいて短期的実行計画は策定されるが，短期的実行計画は中・長期経営計画を実現するためのものである必要がある。

ウ：マスタープランは中・長期の経営目標を達成するための具体的方法を記した実行プランであるので，これと短期的な計画は相互補完的な関係でなければならないし，整合性が強く求められることになる。

エ：中・長期経営計画と予算編成との間には，強い結びつきがある。なぜなら，短期的な目標利益は中・長期的な戦略を具体化したものであり，予算編成

図　戦略・計画・予算編成の関係

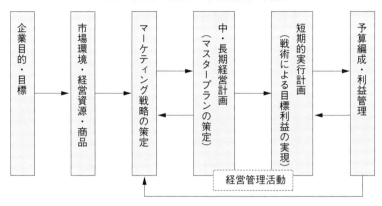

出所:『販売士ハンドブック（発展編)』

は短期的な目標利益を実現するためのものである。

オ：また，予算管理が多くの場合，経営活動を統制（コントロール）するための技法として説明されたことによるものである。

正解　□ ア 1　□ イ 1　□ ウ 2　□ エ 2　□ オ 1

第1章

第2章

第3章

第4章

第5章

第6章

模擬テスト

販売計画における予算管理（2）
予算管理と利益計画（2）

□ 次のア～オは，予算管理に関する記述である。正しいものには1
を，誤っているものには2を記入しなさい。

ア　予算管理とは，将来の一定期間(予算期間)における企業の目標
利益を達成するために必要な計画を，貨幣額によって示した総合
的な利益管理のための技法である。

イ　予算の編成は，達成すべき目標利益を短期利益計画において決
定することから始められる。そこでの目標利益は，中・長期の利
益計画における目標利益から誘導される。

ウ　分権的な経営管理組織においては，予算と実績の差異分析を中
心とする統制機能が，予算管理の最も基本的な機能となる。

エ　予算管理の主な役割は，予算期間の目標利益に対する垂直的調
整と，部門間の水平的調整を行い，目標利益を達成できる実行計
画を見出すことである。

オ　予算管理は，トップマネジメントがミドルマネジメントなどの
管理者を管理するための手法であり，従業員を直接の管理の対象
とするものではない。そのため，予算管理において，人間的な要
因はほとんど視野に入れる必要はない。

POINT!! 解説

ア：「予算管理とは，将来の一定期間(予算期間)における企業の目標利益を
達成するために必要な計画を，貨幣額によって示した総合的な利益管理の
ための技法である。」

　　この文の「予算管理」「目標利益」「貨幣額」「利益管理」の箇所を覚えておく
と役に立つと思われる。

イ：「中・長期の利益計画における目標利益」→「短期利益計画における目標
利益」→予算編成

　　上記の関連をよく把握しておくこと。

ウ：予算管理には，計画・調整・統制という機能がある。分権的な経営管理
組織においては，目標利益として示された企業全体の目標を実現するため

の調整機能が, 予算管理の最も基本的な機能となる。

　なお, 予算管理は本来, 企業予算にもとづく総合的な利益管理のための技法であるが, 従来, 予算管理は経営活動を統制（コントロール）するための技法として説明されてきた。つまり, 予算管理は統制機能の側面が特に強調されて発展してきた経緯がある。

エ：予算管理における調整機能は垂直的調整と水平的調整に分けられるが, 前者は管理階層の「縦」の調整のことであり, 後者は部門間の「横」の調整のことである。

　ハンドブックでは, 予算管理の主な役割として上記のほかに, 次のことを挙げている。

①各部門管理者に対し, 小売業全体の目標を達成するために必要な条件を知らせるとともに, ほかの部門の選択し得る行動を予測できるようにする。

②各部門管理者に目標達成を動機づける。

③予算に対する実績を測定・比較し, 業績評価に役立つことを可能にする。

オ：前半の記述は正しい。つまり, 予算管理は, トップマネジメントがミドルマネジメントやロワーマネジメントを管理するための手法であり, 従業員を直接の管理対象とするものではない。

　後半の記述は誤り。なぜなら, 予算管理が有効に機能するためには, 人間的な要因を十分に視野に入れることが不可欠である。これに関してハンドブックは次のように述べている。

　予算を単に経費削減のための道具として利用すると, 一時的に経費の削減はなされるものの, 予算を効果のないものにする非公式（インフォーマル）な組織の形成などにより, 長期的には業績が低下することが十分考えられる。

正 解 □ ア 1　□ イ 1　□ ウ 2　□ エ 1　□ オ 2

販売計画における予算管理（3）
予算管理と利益計画（3）

□ 下図は，小売業の経営管理活動に関連づけられた予算管理のプロセスを示したものである。〔　　〕の部分に該当するものを下記の語群の中から選びなさい。

図　企業予算と経営管理活動との関係

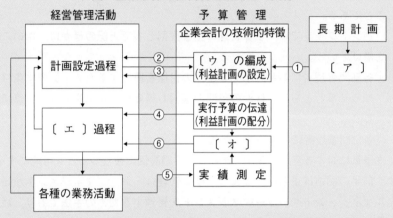

出所：『販売士ハンドブック（発展編）』

　①の〔ア〕は，予算管理の前提としてトップマネジメントが決定すべき問題である。

　②および③は，予算の編成段階であり，予算委員会などでの〔イ〕を通じて，部門予算案を〔ウ〕として統合し，見積財務諸表の作成が行われる。

　④から⑥は，予算による〔エ〕と呼ばれるプロセスである。〔オ〕の結果を〔エ〕過程にフィードバックすることにより，〔ア〕に対する各部門の貢献度を評価する。

〈語　群〉
①総合予算　　　　②調整　　　　　　③実行
④目標利益　　　　⑤評価　　　　　　⑥統制
⑦財務諸表分析　　⑧予算差異分析　　⑨利益管理
⑩当初予算

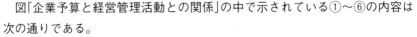

POINT!! 解説

　図「企業予算と経営管理活動との関係」の中で示されている①～⑥の内容は次の通りである。

　①目標利益の設定と利益計画の樹立
　②予算編成方針の設定と各部門への示達
　③部門予算の作成と総合予算への調整・統合
　④実行予算の各部門への示達
　⑤実行された結果の測定と予算との比較
　⑥予算差異分析と管理者への報告

ア：目標利益が入る。ハンドブックでは、「大綱的利益管理や総合予算の作成においても目標利益自体の検討が必要となるため、目標利益の設定を予算管理のプロセスに含めることが適当である」と述べている。

イとウ：イには調整、ウには総合予算が入る。予算編成でポイントとなるのが部門間の「調整作業」である。調整作業の結果、総合予算が作成されることになる。

エとオ：エには統制、オには予算差異分析が入る。予算が実行されると、その結果が出るが、その差異を分析することで、予算の統制がなされることになる。そこでは、目標利益に対する各部門の貢献度の評価のほか、不利差異が生じた場合には、一定の是正措置や達成目標の修正などが行われる。

正解 ☐ ア④ ☐ イ② ☐ ウ① ☐ エ⑥ ☐ オ⑧

販売計画における予算管理（4）
予算管理と利益計画（4）

□ 次の文章は，予算管理の計画機能に関して述べたものである。
　〔　〕の部分に，下記の語群のうち最も適当なものを選びなさい。

　　予算管理における計画機能は，〔ア〕により達成される機能であ
る。小売業経営における計画的な予算管理は極めて重要であり，
予測される環境の変化に積極的に対応できる合理的な計画の設定
が不可欠となる。〔ア〕における課題は，〔イ〕の目標利益について
小売業の行動案を選択し，決定するための〔ウ〕を会計数値により
具体化することである。全社的な〔エ〕から各店舗や各部門に配分
された部門予算は，〔オ〕などに業務運営の指針を提供する。

〈語　群〉
①短期　　　　②総合予算　　③販売計画
④長期　　　　⑤予算統制　　⑥経常予算
⑦予算編成　　⑧利益計画　　⑨ミドルマネジメント
⑩トップマネジメント

POINT!! 解説

　ハンドブックでは，「予算管理は，トップマネジメントによる統合化のため
の総合的な利益管理の手法である。したがって，全社的な観点から目標利益
を調和的に達成するための調整機能が最も基本的な機能であると考えられ
る。この場合，垂直的および水平的調整の諸活動は，予算管理における計画
機能や統制機能と結合して行われる点に特徴がある」と記述している。
　上文の最後の文の意味は，予算管理の計画機能や統制機能を行う際，計画
についても，統制についても，そこには調整という機能が同時に並行して行
われているということ。

正解　□ ア⑦　□ イ①　□ ウ⑧　□ エ②　□ オ⑨

実力養成問題 販売計画における予算管理（5）
予算管理と利益計画（5）

□ 次の文章は，予算管理の統制機能に関して述べたものである。
〔　〕の部分に，下記の語群のうち最も適当なものを選びなさい。

予算による統制機能は，予算を〔ア〕基準として統制を実施する
機能である。統制機能は，従来，小売業の〔イ〕を有効に配分する
ために行われる事後的な統制として強調されてきた機能である。

ここで統制とは，経営活動の結果を〔ア〕基準と一致するように，
〔ウ〕を測定し，〔ア〕基準と比較し，〔ウ〕と〔ア〕基準の事後的な差
異を管理者に報告して，修正行動によって業績の改善をはかる一
連の手順のことである。〔ア〕基準は，〔エ〕によって合理的に設定
され，予算にもとづいて権限と責任が委譲された管理者層以下に
対する〔オ〕基準として機能することになる。

〈語　群〉
①計画　　　　②達成　　　　③実績
④経営資源　　⑤管理　　　　⑥業績評価
⑦利益　　　　⑧実行　　　　⑨比較
⑩会計数値

POINT!! 解説

予算による統制機能についてのポイントは，「予算を管理基準としていること」「実績と管理基準の事後的な差異を把握すること」「管理基準は計画によって設定されること」「管理基準は管理者層以下に対する業績評価基準として機能すること」である。

また，ハンドブックは，「予算管理は，権限と責任の明確な割当が行われた健全な管理組織を促進する一方で，各階層の管理者が達成すべき具体的な目標の設定に参加し，各部門の計画が部門間および全体と調和するように適用される必要がある」と述べている。

正解　□ ア⑤　□ イ④　□ ウ③　□ エ①　□ オ⑥

□ 次のア〜オは，予算の種類に関する記述である。正しいものには
1を，誤っているものには2を記入しなさい。

ア　予算は予算期間の長短によって区分されるが，通常，予算とい
う場合には長期予算を意味する。

イ　経常予算は損益予算と資金予算から構成され，一方，資本予算
は長期予算として設備投資計画などに関する資本的支出予算が中
心となる。

ウ　当初予算は年度当初において大綱的に編成された予算であり，
補正予算は経営環境の変化に弾力的に対応するために改訂された
予算をいう。

エ　割当予算はトップマネジメントが利益計画にもとづいて各部門
に割り当てる予算であり，積上予算は各部門から予算原案を自主
的に提出させ，これを総合的に調整して作成したものである。

オ　一般には割当予算より積上予算のほうが好ましいとされている
が，現実にはこれらを折衷した予算編成がなされている。

POINT!! 解説

ア：通常，予算という場合には，短期予算をいう。1年を超えるか否かにより，
中・長期予算と短期予算に分けられる。短期予算には，年次予算，四半期
予算，月次予算がある。

イ：経常予算は経常的業務活動の期間予算で，業務予算ともいう。通常の予
算編成は経常予算を中心に展開される。

ウ：当初予算を改訂した予算のことを，補正予算とは呼ばず，修正予算とい
う。修正予算は，日常的な統制を強化するために精度の高い予算，つまり
実行予算として編成される。

エ：割当予算はトップマネジメントが利益目標から各部門の予算を導き出し
て設定し，各部門に割り当てるものである。積上（参加型）予算は，各部門
の予算原案を尊重して，総合的に調整したものである。

正解　□ ア 2　□ イ 1　□ ウ 2　□ エ 1　□ オ 1

実力養成問題 | 販売計画における予算管理（7）
予算の種類，体系と組織（2）

□ 次のア～オは，予算体系に関する記述である。正しいものには1を，誤っているものには2を記入しなさい。

ア　予算を合理的に運用するためには，部門予算を企業全体の観点から調整し，統合化するための総合予算の体系を，経営規模や組織の状況などから判断し，適切に確立しなければならない。

イ　見積損益計算書には，売上高予算，仕入高予算，在庫高予算，営業費予算などの資金予算の領域が含まれる。

ウ　予算管理が有効に機能するためには，一般に予算委員会，予算担当役員および予算担当課から構成する予算管理組織の設営が必要である。

エ　予算委員会における総合予算の調整は，大綱的利益計画で目標とすべき利益（目標利益）と，部門予算を総合した見積損益計算書で期待される利益（期待利益）を比較し，より詳細な利益改善策の検討などを行うものである。

オ　予算担当役員および予算担当課は，予算管理組織として予算規定の設定，予算編成方針の立案，総合予算の編成などの予算業務を行う。

POINT!! 解説

ア：図1に示されるように，総合予算は見積損益計算書と見積貸借対照表から構成される。また，これは経常予算と資本予算に分かれ，前者は損益予算と資金予算に分かれる。

イ：図1を見てわかるように，売上高予算，仕入高予算，在庫高予算などは損益予算に含まれる。また，見積損益計算書には損益予算の領域が含まれ，一方，見積貸借対照表には資金予算（現金収支予算，信用予算），資本予算（設備予算，投資予算）のような長期ならびに短期の財務予算の領域が含まれる。

ウ：予算の編成および運用の最終的な責任は基本的にはトップマネジメントにあるが，事実上，こうした予算の立案・編成活動は予算管理組織が行っ

ている。

　　ハンドブックでは，予算委員会について，「部門予算から総合予算に集
約するための機関であり，実質的な調整活動の場として，各職能部門別の
責任者が部門間の調整について積極的に提案し，部門予算を目標として責
任者を動機づける役割を担っている」と記述している。

エ：ウで述べたように，予算委員会は，部門予算から総合予算に集約するた
　　めの機関である。そのプロセスは，図2「総合予算での調整」に詳しく書か
　　れている。

　　　図2の「目標利益$\overline{P}$」と「期待利益$\widetilde{P}$」にまず着目してもらいたい。$\widetilde{P}>\overline{P}$の
場合(yes)，図の右上に示してあるように，即，「予算決定」となる。

　　　しかし，$\widetilde{P}<\overline{P}$の場合(no)，「利益改善策はあるか」に進み，ここで(yes)
となると「期待利益の検討」がなされ，$\widetilde{P}>\overline{P}$となると(yes)，「予算決定」と
なる。

オ：予算担当役員および予算担当課は，上記の予算規定の設定などのほかに，
　　決定された予算の各部門への伝達，予算と実績の比較およびその結果の予
　　算委員会への提出などの予算業務を行う。

　　　なお，日本では，予算担当役員を経理部長や管理部長が担うことが多い。

図1　予算体系の例

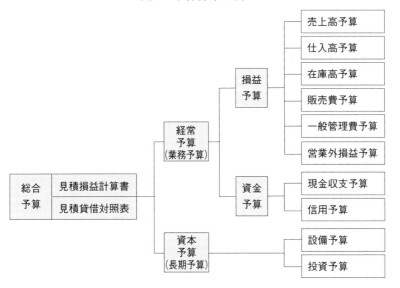

注）信用予算とは，掛け取引や手形取引など
　　信用取引に関する予算のことをいう。

図2　総合予算での調整

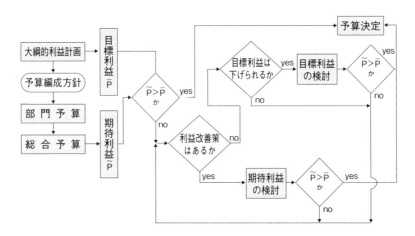

出所：『販売士ハンドブック（発展編）』

販売計画における予算管理（8）
予算の編成と統制（1）

□ 次の文中の〔　　〕の部分に，下記の語群のうち最も適当なもの
を選びなさい。

　　年次予算を設定する第1の手順は，短期の〔ア〕を設定すること
にある。〔ア〕は，次の計算式により示される。

　　　〔イ〕−〔ウ〕=〔ア〕

　　利益計画においては，〔ア〕の設定に始まり，これを基礎として目
標達成に必要な〔イ〕を求め，その差額を限度として〔ウ〕を決定する。

　　この場合，一定期間に達成すべき〔ア〕は，過去の実績利益や同
業他社との標準値の比較などを基礎として算出するが，〔エ〕と資
本回転率の積である〔オ〕を設定基準とする方法が望ましい。

〈語群〉
①販売経費　　　　②自己資本比率　　　③目標利益
④限界利益　　　　⑤販売数量　　　　　⑥予定売上高
⑦自己資本利益率　⑧資本利益率　　　　⑨許容費用
⑩売上高利益率

POINT!! 　解説

　目標利益は次の式で示される。

　　予定売上高−許容費用=目標利益

　年次予算を作成する場合，まず，目標利益を決める。次に，目標利益を基
礎として，これを達成するのに必要な予定売上高を決める。

　そして，予定売上高−目標利益=許容費用

　なお，目標利益は次式をもとに決めるのが望ましい。

　　売上高利益率×資本回転率=資本利益率

$$\frac{利益}{売上高} \times \frac{売上高}{資本} = \frac{利益}{資本} = 資本利益率$$

　つまり，資本利益率と資本の額が決まれば，目標利益額は設定されること
になる。

正解　□ ア③　□ イ⑥　□ ウ⑨　□ エ⑩　□ オ⑧

実力養成問題 | 販売計画における予算管理 (9)
予算の編成と統制 (2)

☐ 次のア～オは，利益計画の策定と販売予測に関して述べたものである。正しいものには 1 を，誤っているものには 2 を記入しなさい。

ア 利益計画の策定において，その基礎となるのが販売予測である。

イ 販売予測の方法には，上級管理者，販売員などの判断による方法や，消費者を調査する方法などがある。

ウ 利益計画では，販売予測にもとづく目標売上高の設定とともに，期待利益を算定する。

エ 目標利益が期待利益を上回る場合には，部門予算の編成が可能になる。

オ 利益計画がまとめられると，これに沿って部門予算を編成する手順が必要となる。

POINT!! 解説

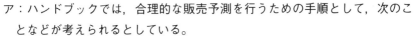

ア：ハンドブックでは，合理的な販売予測を行うための手順として，次のことなどが考えられるとしている。

①販売予測の利用目的を明確にする。

②取扱商品を店舗別，得意先別，注文規模別などの適当なグループに分ける。

③各グループの売上高に影響する要因とその相対的な重要性を決定する。

イ：これらのほかに，時系列分析法などの統計的方法がある。ただし，どのような方法が採用されるかは小売業の状況によって異なる。また，販売予測の方法は実績を定期的に検討し，必要に応じて改善していく必要がある。

統計的方法には，たとえば，過去数年間の販売実績からその傾向を把握し，将来や年単位の予測をする長期傾向変動の分析方法として，目安法，両分法，移動平均法，最小自乗法などがある。ハンドブックでは，これらの方法について，次のように説明している。なお，ここは本試験に出題されやすい箇所と考えられるので，ポイントをしっかり把握しておこう。

★目安法

　グラフの横軸に時間の流れ，縦軸に売上高をとり，そこに売上高の実績をプロットし，描かれた折れ線グラフの状態をみて，目測で傾向線を引く単純な方法。フリーハンド法とも呼ばれる。

★両分法

　時系列データの総期間を二分し，二分したそれぞれの部分のデータの平均値（算術平均値）を求め，その２つの平均値をグラフ上にプロットして直線を結び，傾向をつかむもの。

★移動平均法

　任意の一定期間ごとに１期ずつ移動させて，それぞれ平均値（算術平均値）を求め，この平均値をグラフ上にプロットし，折れ線の様子から傾向を把握する方法。

★最小自乗法

　販売傾向をグラフ上ではなく方程式によって捉える方法であり，過去のデータと計算値との間の誤差の自乗の和が最小になるような方程式を求めるもの。傾向を直線傾向で求める一次方程式と曲線傾向で求める二次方程式がある。

ウ：期待利益とは，目標利益を達成するために必要な予算期間の売上高および費用の予測から，現状において期待できる利益を意味する。

エ：目標利益と期待利益が反対に記述されている。

　期待利益が目標利益を下回る場合には，各種の利益改善策を講じる必要がある。なお，目標利益と期待利益の調整は，利益計画の段階で不可欠である。

オ：また，部門予算の編成においては，事前に各部門に対して準拠すべき指針である予算編成方針を伝達する。

正解　□ ア 1　□ イ 1　□ ウ 1　□ エ 2　□ オ 1

実力養成
問 題　販売計画における予算管理（10）
　　　　　部門予算の編成（1）

□ 次のア～オは，損益予算に関する記述である。正しいものには1
　を，誤っているものには2を記入しなさい。

　ア　損益予算は販売予算や一般管理費予算などから構成され，販売
　　予算は売上高予算と販売費予算から成る。
　イ　売上高予算は予算編成における出発点であり，基本的な販売方
　　針や目標を明確にするものである。
　ウ　販売費予算は，売上高予算を実現するために必要となる費用に
　　関する予算である。
　エ　販売費予算は販売履行費と販売獲得費から構成されており，前
　　者は広告宣伝費などのように，どの売上高が販売費の成果である
　　か確定できない費用をいう。
　オ　一般管理費も，費用の特徴に応じた予算編成および統制が必要
　　になる。なお，販売費予算と一般管理予算をあわせて営業費予算
　　という。

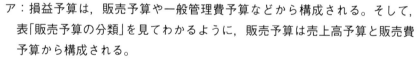

POINT!! 解説

　ア：損益予算は，販売予算や一般管理費予算などから構成される。そして，
　　表「販売予算の分類」を見てわかるように，販売予算は売上高予算と販売費
　　予算から構成される。
　　　なお，目標利益を計画的に達成するために，予算管理の中心となるのが
　　損益予算である。
　イ：表「販売予算の分類」の中の「売上高予算」の欄を見ると，「予算編成にお
　　ける出発点」と書いてある。売上高が決まらないことには，目標利益も決
　　まらないので，まさに売上高予算は予算編成の出発点といえる。
　ウ：これも表「販売予算の分類」の中の「販売費予算」の欄を見ると，「売上高
　　予算を実現するために必要となる費用に関する予算」と書いてある。
　エ：表「販売予算の分類」を見るとわかるように，広告宣伝費，販売員の旅費，
　　交際費などは販売獲得費に含まれる。

表　販売予算の分類

売上高予算	①予算編成における出発点。基本的な販売方針や目標を明確にするとともに，達成可能な実行計画案として，商品カテゴリー別区分を基礎に，店舗別・顧客層別などのセグメント別に区分して編成する。 ②販売部門（店舗別）の達成状況に対する業績評価基準として機能するために，管理区分別の編成も必要となる。
販売費予算	①売上高予算を実現するために必要となる費用に関する予算で，その編成は販売費の合理的な分類から始める。分類方法には，財務会計における費目別分類のほか，機能別分類やセグメント別分類などがある。 ②販売費予算は，その性格によって販売履行費と販売獲得費に分けて考える必要がある。 ・販売履行費…商品の荷造費，運送費，保管費，売上代金の回収費などのように，その主要な部分が販売額あるいは発送額によって増減するものが多い。 ・販売獲得費…広告宣伝費，販売員の旅費，交際費などのように，どの売上高が販売費の成果であるか確定できない費用を意味する。

出所：旧版『販売士ハンドブック（発展編）』

オ：販売費と一般管理費とを区分するのは難しいことから，一般に，「販売費及び一般管理費」として一括して呼ばれている。たとえば，販売部門の人員の給料，手当，旅費，交際費などは販売費に含まれ，一方，一般管理部門の人員の給料，手当，旅費，交際費などは一般管理費に含まれる。

また，一般管理費はこれらのほかに，水道光熱費，保険料などを含むため，各費用の支出統制が重要な課題となる。

正解　□ ア 1　□ イ 1　□ ウ 1　□ エ 2　□ オ 1

実力養成 問題 　販売計画における予算管理（11）
部門予算の編成（2）

□ 次のア～オは，資金予算と資本予算に関する記述である。正しい
ものには1を，誤っているものには2を記入しなさい。

ア　資金予算の機能は，財務流動性を適正に維持しながら，資金運
用率を向上させ，利益目標の達成を補完することにある。

イ　現金収支予算は現金収入予算と現金支出予算に分けられ，現金
収支の金額的，かつ，時間的な均衡をはかるために編成される。

ウ　信用予算は，借入金や社債に対する支払利息・割引料などの財
務活動に伴う費用にかかわる予算であり，営業外費用とされるも
のである。

エ　運転資本予算とは，当座の資金計画に関する現金収支予算より
も，期間をある程度長くし，広く短期的な財務流動性を検討する
ために必要となる予算をいう。

オ　現金・預金の増加，売上債権の増加，固定資産の増加は正味運
転資本を増加させ，反対に，買掛金の増加，借入金の増加，資本
金の増加は正味運転資本を減少させる。

POINT!! 解説

ア：資金予算は短期の財務予算であり，資金の調達と運用，それに付随する
出納および保管に関する予算である。つまり，資金予算は，商品の仕入，
保管，販売などを行うプロセスにおいて，流動性の不足が生じないよう，
資金の調達・運用などに関する予算をいう。

イ：資金予算は，現金収支予算，信用予算，財務予算などに分けられる。現
金収支予算は，現金の収入と支出の金額的，かつ時間的な均衡をはかるた
めに編成される。現金収入＞現金支出，あるいは，現金収入＝現金支出だ
けでなく，時間的にもそれが均衡する必要がある。時間的に均衡するとは，
実質的には，現金収入＞現金支出，あるいは，現金収入＝現金支出であっ
ても，現金が入ってくるのが現金が出ていくのよりも時間的に遅い場合に
は，現金収入＜現金支出という事態が発生しかねないので，そうした事態
に陥らないようにするということである。

ハンドブックでは，現金収入予算と現金支出予算について，次のように記述している。

★現金収入予算……売上高予算にもとづく現金収入の予測だけでなく，健全な資金調達計画と現存債権の回収活動を促進する計画が含まれる。

★現金支出予算……販売活動などから発生する現金支出の予測に加えて，健全な資金運用計画と仕入債務の返済計画が含まれる。

ウ：信用予算ではなく，財務予算について述べている。信用予算とは，取引先との売上債権，仕入債務ならびに銀行からの短期的な信用について，当期発生高と決済高を予測・計画するために編成される予算である。そのため，信用予算は現金収支予算に組み込まれて体系化されることが多く，さらに短期の流動性の管理にとって中心となる運転資本予算に統括される。

　また，営業収支過不足の把握を中心として，現金収支の管理を行うために作成される過去の実績表および計画表を，総称して「資金繰り表」という。そして，資金繰り表の基礎となる計算式は次のものである。

　　期首現金残高＋当期現金収入－当期現金支出＝期末現金残高

エ：資金予算が短期の財務予算であるのに対し，資本予算は中・長期の財務予算である。つまり，資本予算は，設備投資のような中・長期的な支出，および，そのための資金調達に関する予算である。

　運転資本予算は，中・長期的な支出を行う際に，それに付随して発生する短期的な資本についての予算をいう。また，運転資本予算は，次の計算式に示される正味運転資本の増減要因に関する予算である。

　　正味運転資本＝流動資産－流動負債

　　　　　　　　＝（固定負債＋自己資本）－固定資産

オ：現金・預金，売上債権はいずれも流動資産である。したがって，これらが増加することは正味運転資本の増加につながる。

　正味運転資本＝（固定負債＋自己資本）－固定資産　　したがって，固定資産が増加するということは，正味運転資本の減少につながる。

　買掛金，短期借入金はいずれも流動負債である。したがって，これらが増加することは，正味運転資本の減少につながる。資本金の増加は，すなわち自己資本の増加である。自己資本の増加は正味運転資本の増加につながる。

正解　□ ア 1　□ イ 1　□ ウ 2　□ エ 1　□ オ 2

実力養成問題 販売計画における予算管理（12）
予算による統制（1）

□ 次のア～オは，予算による統制に関する記述である。正しいものには1を，誤っているものには2を記入しなさい。

ア　各部門の予算案を統合する総合予算の編成は，手続き的には資金予算を起点として，見積財務諸表の作成に至るまでの一連の計算過程である。

イ　総合予算の編成は，短期の目標利益を基軸として，企業目標と各部門目標および各部門予算案相互の整合性のある関係を確保することに貢献する。

ウ　調整された総合予算は実行予算として各部門に配分されるが，その会計数値によって示された目標は予算許容額とも呼ばれる。

エ　予算が目標達成のための動機づけとして機能するためには，管理者の努力によって達成可能であると同時に，達成のためには努力を要する水準に予算設定することが望ましい。

オ　業績評価を有効に機能させるためには，管理者の実績を明確に認識して測定する統制会計を確立しなければならない。

POINT!! 解説

ア：資金予算ではなく，販売予算を起点とする。

イ：このような実行計画としての予算の実現をはかるための管理活動が，予算による統制である。

ウ：実行予算は，月別・管理活動別に分類し，管理者の指揮・監督活動に対して達成目標を指示する数値になる。

エ：ただし実現可能水準（達成には努力を要する水準）に予算を設定した場合，予算で設定した目標の5％までは未達成であっても業績評価に反映しない対応が必要になることもある。

オ：「統制会計」は誤りで，「責任会計」が正しい。その際には，管理者が責任を負う一定の組織単位を責任センターとして，責任センターごとに管理者の予算目標と実績を集計することになる。

正解 □ ア 2 □ イ 1 □ ウ 1 □ エ 1 □ オ 2

販売計画における予算管理 (13)
予算による統制 (2)

□ 次のア〜オは，予算差異分析に関する記述である。正しいものには1を，誤っているものには2を記入しなさい。

ア 予算による統制の重要な手段となるのが，予算と実績を比較して，その差異を分析する予算差異分析である。

イ 予算差異分析における有利差異は，収益項目および費用項目とも，実績値が予算許容額を超えた場合に測定される。

ウ 予算差異分析の方法として，一般に項目別分析法が利用されており，これは総合予算差異分析と部門予算差異分析に分けられる。

エ 売上高予算差異分析は，予算と実績との差異を販売数量差異と販売価格差異に分けて分析するが，前者は，実際販売数量×（実際販売価格−予算販売価格），の式で求められる。

オ 売上総利益差異分析は，総利益額に関する予算と実績との差異を販売価格と単位当たり利益の2つの側面から分析するものである。

POINT!! 解説

ア：この分析結果は，予算報告書によって各管理者に伝達され，事後的な統制活動に使用されることになる。

イ：予算差異は，有利差異あるいは不利差異として測定する。有利差異とは，収益項目（売上高など）において，実績値が予算許容額（予算のこと）を上回っている場合である。費用項目については，実績値が予算許容額を下回っている場合に有利差異となる。不利差異とは，有利差異の反対の場合にそうなる。

また，ハンドブックは次の手順で予算差異分析を行うとしている。

①予算と実績の比較による差異の測定

②差異の原因分析

③差異の報告

「予算差異分析」は販売士検定試験の頻出問題の1つである。

ウ：総合予算差異分析と部門予算差異分析について，ハンドブックは次のように記述している。

★総合予算の差異分析

損益計算書および貸借対照表における予算と実績とを比較し，その差異を算定する。(試験に出た!)

★部門予算差異分析

総合予算の内訳には，販売予算差異分析，一般管理費予算差異分析，財務予算差異分析などがある。販売予算差異分析については，さらに売上高，売上原価，売上総利益，販売費，在庫などに細分化して行う。

エ：売上高予算差異分析は，予算と実績との差異を販売数量差異と販売価格差異に分けて分析するが，このような方法は項目別要因分析法と呼ばれる。

販売数量差異＝予算販売価格×（実際販売数量－予算販売数量）

販売価格差異＝（実際販売価格－予算販売価格）×実際販売数量

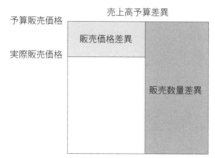

例えば，予算販売数量，予算販売価格，実際販売数量，実際販売価格が下表のとき，販売数量差異と販売価格差異は次のようになる。

	予算	実際
販売数量	500	350
販売価格	400	250

販売数量差異＝ 400 ×（350 － 500）＝－ 60,000……不利差異

販売価格差異＝（250 － 400）× 350 ＝－ 52,500……不利差異

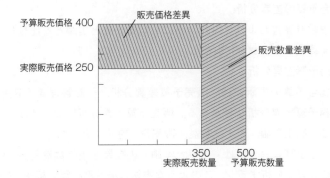

また，予算販売数量，予算販売価格，実際販売数量，実際販売価格が下表のとき，販売数量差異と販売価格差異は次のようになる。

	予算	実際
販売数量	350	500
販売価格	400	250

販売数量差異＝ 400 ×（500 － 350）＝ 60,000………有利差異
販売価格差異＝（250 － 400）× 500 ＝－ 75,000……不利差異

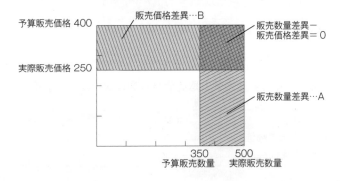

有利差異＋不利差異＝ 60,000 ＋（－ 75,000）＝－ 15,000
つまり，全体としては－ 15,000（不利差異）となる。
また，A の販売数量差異＝（500 － 350）× 250 ＝ 37,500
　　　 B の販売価格差異＝（250 － 400）× 350 ＝－ 52,500
　よって，－ 52,500 ＋ 37,500 ＝－ 15,000

オ：「販売価格」ではなく，「販売数量」が正しい。すなわち，次式でもって表される。

販売数量差異＝（実際販売数量－予算販売数量）×予算単位利益

利益額差異＝（実際単位利益－予算単位利益）×実際販売数量

売上総利益差異

出所：『販売士ハンドブック（発展編）』

なお，こうした原因分析においては，予算額に対する一定率（例えば5％）を差異許容限度の基準として設定することで，5％以下にある場合には実績が管理された状態にあるとして，その差異の分析を行わないことにしている。

＜参考＞

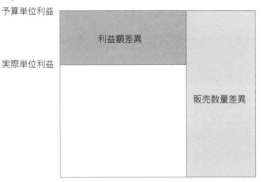

正　解　□ ア 1　□ イ 2　□ ウ 1　□ エ 2　□ オ 2

次の各間の〔　　〕の部分にあてはまる最も適当な語句・短文などを記入しなさい。

① 〔　　〕分析は最寄品を主体に扱う小売業のように，商品回転率が高く，在庫負担の比較的少ない業種で多く使われる。

② 月別の販売実績は季節・気候，社会的行事などの影響で，毎年同じような変動を示すが，こうした月ごとや季節ごとの変動パターンを〔　ア　〕と呼ぶ。また，〔　ア　〕を，月または季節の平均を100とした比で示した数値を〔　イ　〕という。

ア	イ

③ 月々の売上，売上累計，移動年計の３つのデータを，それぞれ折れ線グラフで表したもので，それら３つの折れ線グラフを組み合わせた形から〔　　〕と呼ばれる。

④ ある店舗はA～Cの商品カテゴリーから構成されていて，それぞれ販売目標額が決められている。このとき，A～Cの商品カテゴリーの〔　　〕を合計したものは，店舗全体の平均粗利益率に等しくなる。

⑤ 〔　　〕とは，中・長期の経営目標を達成するための具体的方法を記した実行プランのことであり，短期的な計画と相互補完的な関係にある。

⑥　年次予算を設定する際，まず短期の目標利益を決めるが，それは，次の計算式で求める。予定売上高−〔　　〕＝目標利益

⑦　販売予測の長期傾向変動の分析手法はいくつかある。これらのうち，〔　　〕はフリーハンド法とも呼ばれるもので，グラフの横軸に時間の流れ，縦軸に売上高をとり，そこに売上高の実績をプロットし，描かれた折れ線グラフの状態をみて目測で傾向線を引く単純な方法である。

⑧　経常予算とは，経常的業務活動の期間予算であり，〔　ア　〕とも呼ばれる。これには，収益と費用の予算である損益予算と運転資金や現金資金に対する予算である〔　イ　〕の2種類が含まれる。

ア

イ

⑨　現金・預金などの流動資産が増加すれば，〔　　〕は増加する。反対に，買掛金や短期借入金などの流動負債が増加すると，〔　　〕は減少する。

⑩　予算差異分析の方法として，一般に〔　ア　〕が使用されているが，これは総合予算の差異分析と〔　イ　〕に分けられる。〔　イ　〕には，販売予算差異分析，一般管理費予算差異分析，財務予算差異分析などが含まれる。

ア

イ

⑪　販売予算差異分析については，売上高，売上総利益などについて細分化して，予算差異分析を行う。売上高予算差異分析については，売上高予算差異を販売数量差異と〔　　〕に分けて分析する。

⑫ 固定資産が増加すると，〔　　〕は減少することになる。反対に，固定負債や自己資本が増加すると，〔　　〕は増加することになる。

⑬ 〔　　〕は，利益計画にもとづいてトップマネジメントが利益目標から各部門の予算を導き出して設定し，各部門に割り当てるものである。

⑭ ある店では，A，B，C，D，Eの5つの商品カテゴリーがある。各商品カテゴリーの売上高，構成比，粗利益率が下表のように与えられたとき，商品カテゴリーBの積数は〔　ア　〕，商品カテゴリーDの粗利益貢献度は〔　イ　〕である。なお，粗利益貢献度については小数第4位を四捨五入しなさい（例：0.1576 → 0.158 → 15.8％）。

商品カテゴリー	売上高	構成比	粗利益率	積数	粗利益貢献度
A	120万円	20％	40％		
B	180	30	20	〔 ア 〕%	
C	90	15	10		
D	150	25	30		〔 イ 〕%
E	60	10	25		

ア

イ

⑮ 7月の季節指数が115.5であり，次年における年間の総売上高を15,000万円と算出した。このとき，次年における7月の売上高は〔　　〕万円と予測する。

第1章

第2章

第3章

第4章

第5章

第6章

模擬テスト

⑯ 〔　　　〕は，いくつかの実績値を比較して，最も標準的とみられる年度（または来期に当てはまるとみられる年度）を選び，そこから季節指数を計算する方法である。

⑰ 〔　　　〕は，過去3～5年の月別売上高を各月ごとに合計して，その平均を算出し，それらの平均値を12か月合計したものを12で割ったものを100%として，各月の指数（季節指数）を算出する方法である。

⑱ ある店舗の商品カテゴリー別の販売目標額，販売高構成比，粗利益率は表1のようになっていた。

　しかし，本店の指示により平均粗利益率を25.7%に引き上げることになった。商品カテゴリーB，D，Eの販売目標額をそのままにして，平均粗利益率を25.7%にするためには，商品カテゴリーAとCの販売目標額などをどのように修正したらよいか。表2の〔　ア　〕と〔　ウ　〕に適当な数字を記入しなさい。ただし，合計の販売目標額は変わらないものとする。

表1　商品カテゴリー別販売目標額等

商品カテゴリー	販売目標額	販売高構成比	粗利益率
A	4,000 万円	20 %	18 %
B	6,000	30	24
C	5,000	25	30
D	3,000	15	24
E	2,000	10	26

表2　修正した商品カテゴリー別販売目標額等

商品カテゴリー	販売目標額	販売高構成比	粗利益率	相乗比率
A	〔 ア 〕万円	〔 イ 〕%	18%	〔　　〕%
B	6,000	30	24	〔　　〕
C	〔 ウ 〕	〔 エ 〕	30	〔　　〕
D	3,000	15	24	〔　　〕
E	2,000	10	26	〔　　〕

ア	ウ

⑲　予算販売数量，予算販売価格，実際販売数量，実際販売価格が下表のとき，販売数量差異は〔　ア　〕円，販売価格差異は〔　イ　〕円である。

	予　算	実　際
販売数量	1,500	1,200
販売価格	2,000	2,500

ア	イ

⑳　移動平均法とは，任意の一定期間ごとに1期ずつ移動させて，それぞれの部分のデータの〔　　〕を求め，この平均値をグラフ上にプロットし，折れ線の様子から傾向を把握する方法である。

正解&解説

① 粗利益貢献度

解説 一方，交差比率貢献度分析は，買回品を主体に扱う小売業のように，商品回転率が低く，在庫資金の負担が重い業種でよく使用される。〔　　〕が設けられる可能性があるのは，「交差比率貢献度」のほかに，「買回品」「商品回転率」「在庫資金」である。

② ア－季節変動　　イ－季節指数

解説 これに関して，ハンドブックは「年間の売上高が合理的な方法で算出されたとしても，季節指数を毎月，過不足なく割り当てなければ具体的な販売計画を立てることができず，それが仕入計画や商品管理活動に影響を与える」と述べている。

③ Zチャート

解説 Zチャートを使うと，月ごとに毎日の達成状況をグラフから読みとることができる。

④ 相乗比率

解説 相乗比率＝販売高構成比×粗利益率

商品カテゴリー	販売目標額	販売高構成比	粗利益率	相乗比率
A	500 万円	50 %	25 %	12.5 %
B	300	30	30	9.0
C	200	20	40	8.0
合　計	1,000	100	〔　　〕	29.5

Aカテゴリーの粗利益　→　500×0.25＝125（万円）
Bカテゴリーの粗利益　→　300×0.3 ＝90
Cカテゴリーの粗利益　→　200×0.4 ＝80
　　　　　　　　　　　　　　　　　295（万円）

合計の粗利益が295（万円）で合計の販売目標額が1,000（万円）なので，平均の粗利益率は，295÷1,000＝0.295　∴29.5%
したがって，上記の〔　　〕には29.5が入り，相乗比率29.5と等しくなる。

⑤マスタープラン

解説 小売業はその存続と発展に向けてマーケティング戦略を策定しなければならないが, そのマーケティング戦略には中・長期経営計画を基礎とした戦略を実現するための短期的な実行計画を盛り込まなければならない。すなわち, 中・長期経営計画を基礎とした戦略がマスタープランである。

⑥許容費用

解説 年次予算を設定する際, まず短期の目標利益を決めるが, 目標利益を基礎として, これを達成するのに必要となる予定売上高を決める。そして, 予定売上高から目標利益を差し引いたものを, 限度として許容される費用額とする。これが許容費用である。したがって,

予定売上高－目標利益＝許容費用

⑦目安法

解説 （　　）の箇所が「目安法」とは限らない。「フリーハンド法」「売上高」「折れ線グラフ」も十分可能性はある。"キーワードは何か"を絶えずチェックしていこう。

⑧ア－業務予算　　イ－資金予算

解説 経常予算に対して, 資本予算がある。資本予算は長期予算であり, 設備投資計画や各種プロジェクトに関する投資予算である。よって, 資本予算は経常予算の前提に変更を与えることになる, 長期的性格を有した予算である。

⑨正味運転資本

解説 正味運転資本＝流動資産－流動負債

上式から, 流動資産が増加すれば正味運転資本は増加する。反対に, 流動負債が増加すれば正味運転資本は減少する。

⑩ア－項目別分析法　　イ－部門予算差異分析

解説 なお, 予算差異分析は次の手順で行う。

(1)予算と実績とを比較して, その差異を測定する。

(2)差異が発生した原因を分析する。

(3)差異の測定, 差異の発生原因, 分析結果を責任者に報告する。

⑪販売価格差異

解説 販売数量差異と販売価格差異に関する問題は頻出問題の１つで，計算問題としても出題される。

⑫正味運転資本

解説 正味運転資本は次式で示される。

正味運転資本＝流動資産－流動負債

＝（固定負債＋自己資本）－固定資産

右は，簡単な貸借対照表である。

流動資産＋固定資産
＝流動負債＋固定負債＋自己資本

流動資産＝A，固定資産＝B，流動負債＝C，固定負債＝D，自己資本＝Eとおくと，右図からわかるように，

A－C＝D＋E－Bが成立。

A－Cは，右図では ▨ 部分にあたる。したがって，

流動資産－流動負債
＝（固定負債＋自己資本）－固定資産

貸借対照表

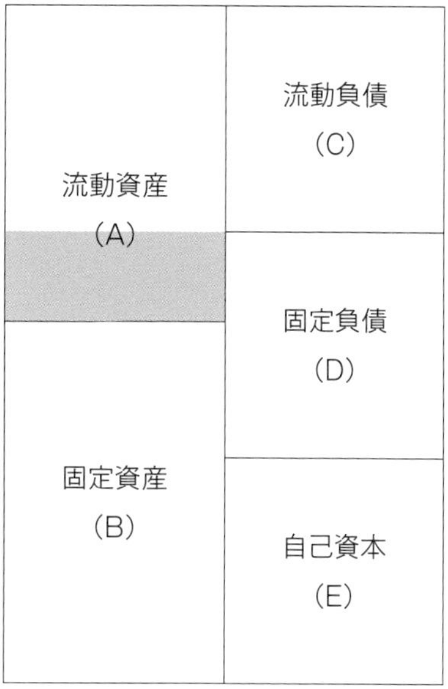

流動資産 (A)	流動負債 (C)
	固定負債 (D)
固定資産 (B)	自己資本 (E)

⑬割当予算

解説 割当予算はトップダウン方式であるため，集権的な組織で予算を効率的に編成するには有効であるが，管理者の予算に対する参加と動機づけの問題がある。

⑭ア－ 6　　イ－ 29.4

解説　積数＝構成比×粗利益率

商品カテゴリーBの構成比は30％，粗利益率は20％

∴ Bの積数＝ 0.3×0.2＝0.06　　　∴ 6％

したがって，ア＝ 6

粗利益貢献度を計算するためには，合計の積数を求める必要がある。

A の積数 = 0.2 ×0.4 =0.08　　　　　　∴ 8%
B の積数 = 0.3 ×0.2 =0.06　　　　　　∴ 6%
C の積数 = 0.15×0.1=0.015　　　　　∴ 1.5%
D の積数 = 0.25×0.3=0.075　　　　　∴ 7.5%
E の積数 = 0.1×0.25=0.025　　　　　∴ 2.5%

合計の積数　　　　　=0.255　　　　　∴ 25.5%

粗利益貢献度＝各カテゴリーの積数÷合計の積数

∴ D の粗利益貢献度＝カテゴリー C の積数÷合計の積数

$$= 7.5 \div 25.5$$
$$= 0.2941$$

小数第 4 位を四捨五入すると，0.294　　∴ 29.4%

したがって，イ = 29.4

⑮ 1,443.75

解説 年間の総売上高が 15,000 万円であるので，

月平均の売上高 ＝15,000÷12＝1,250（万円）

7 月の売上高を x とおくと，次式が成立する。

$$1,250 : x =100 : 115.5$$
$$100x =144,375$$
$$x =1,443.75（万円）$$

⑯特定年基準法

解説 なお，特定年基準法は，冷夏・暖冬などが繰り返し起きて，各年度の季節変動に大きな相違が生じるときに使用する。

季節指数の求め方は，特定年基準法のほかに，月別平均法(単純平均法)，連環比率法がある。

ハンドブックは，月別平均法について，「過去数年間の月別売上高を各月ごとに合計して月ごとの平均売上高を出し，その平均売上高を 12 か月合計し，それを 12 で割って平均した売上高を 100％として各月の指数(季節指数)を算出する方法である」と述べている。

⑰月別平均法

解説 月別平均法は，年々の季節変動パターンが大体似ていて，しかも一時的変動などの不規則変動が少ないときに使用するものである。

⑱ア—2,000　　ウ—7,000

解説 このタイプの問題を解く際にポイントになるのが，次のことである。

平均粗利益率＝A〜Eの相乗比率を合計したもの

したがって，まずは下表を完成しなければならない。

商品カテゴリー	販売目標額	販売高構成比	粗利益率	相乗比率
A	4,000万円	20％	18％	3.6％
B	6,000	30	24	7.2
C	5,000	25	30	7.5
D	3,000	15	24	3.6
E	2,000	10	26	2.6
合　計	20,000	100	24.5	24.5

・相乗比率＝販売高構成比×粗利益率

よって，商品カテゴリーAの相乗比率＝0.2×0.18＝0.036

商品カテゴリーBの相乗比率＝0.3×0.24＝0.072

C，D，Eも同様に計算する。

上表の状態における平均粗利益率は次式から求められる。

平均粗利益率＝A〜Eの相乗比率を合計したもの

よって，平均粗利益率＝3.6+7.2+7.5+3.6+2.6＝24.5

次に，「商品カテゴリーB，D，Eの販売目標額をそのままにして」と書いてあるので，商品カテゴリーB，D，Eの販売高構成比もそのままとなる。よって，商品カテゴリーB，D，Eの相乗比率は上表と同じく，7.2％，3.6％，2.6％となる。

平均粗利益率を25.7％に引き上げなくてはならないので，

25.7−(7.2+3.6+2.6)＝25.7−13.4＝12.3

つまり，平均粗利益率を25.7％に引き上げるためには，商品カテゴリーAとCの相乗比率の合計が12.3％でなければならない。

そこで，商品カテゴリーAの販売高構成比をx％とすると，商品

カテゴリーCの販売高構成比は(45 − x) %となる。したがって，次式が成立する。

$$x \times 0.18 + (45 - x) \times 0.3 = 12.3$$
$$0.18x + 13.5 - 0.3x = 12.3$$
$$0.3x - 0.18x = 13.5 - 12.3$$
$$0.12x = 1.2 \quad \therefore x = 10$$

よって，〔 イ 〕は10，〔 エ 〕は，45−10=35より，35。

さらに，20,000×0.1=2,000　　20,000×0.35=7,000

よって，〔 ア 〕は2,000，〔 ウ 〕は7,000

以上より，商品カテゴリーAの相乗比率は，0.1×0.18=0.018
　　　　　　商品カテゴリーCの相乗比率は，0.35×0.3=0.105

修正した相乗比率を合計すると，

1.8+7.2+10.5+3.6+2.6=25.7（％）

⑲ア－－600,000　　イ－600,000

|解説| 与えられた表をもとに図示してみると，下図となる。

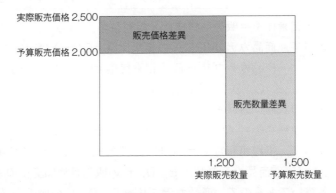

○販売数量差異＝予算販売価格×(実際販売数量−予算販売数量)
　　　　　　　＝2,000×(1,200−1,500)
　　　　　　　＝2,000×(−300)
　　　　　　　＝−600,000

○販売価格差異＝実際販売数量×(実際販売価格−予算販売価格)
　　　　　　　＝1,200×(2,500−2,000)
　　　　　　　＝1,200×500
　　　　　　　＝600,000

⑳平均値（算術平均値）

解説 移動平均法の計算例を示しておく。ここでは，一定期間を4か月とする。つまり，4か月間の平均値から次の月の販売数量を予測してみる。

月	1	2	3	4	5	6
販売数量	58	62	60	64	61	62

$$5月の予測値＝\frac{58+62+60+64}{4}$$
$$＝61$$
$$6月の予測値＝\frac{62+60+64+61}{4}$$
$$＝61.75$$
$$≒62$$

仕入計画と在庫管理の実務

□ 次の文中の〔　　〕の部分に，下記の語群のうち最も適当なもの
を選びなさい。

　　現実の仕入業務は，「仕入-在庫-販売」といった一連の流れの中
で的確に運用されなければならない。明確な〔ア〕を策定し，それ
を達成するために〔イ〕を樹立する。そして，その運用を適切に行
うために〔ウ〕を策定する。その順番を覆してはならない。

　　また，"どの商品"を"どのくらいの量"，そして"いつ，どのよ
うなタイミングで"仕入れるかの決定は，〔エ〕の成果を根本から
左右する。それが小売業の〔オ〕活動である。

〈語　群〉
①仕入　　　　　②販売　　　　　③経営計画
④利益計画　　　⑤商品計画　　　⑥部門計画
⑦管理計画　　　⑧マーチャンダイジング
⑨仕入計画　　　⑩セールス・プロモーション

POINT!! 解説

　　仕入計画は商品計画にもとづいて行われ，商品計画は経営計画にもとづい
て行われる必要がある。別言すれば，経営計画をまず策定し，これにもとづ
いて商品計画を決定し，商品計画にもとづいて仕入計画をつくる必要がある。

　　経営計画とは，企業活動の出発点であり，将来の活動のよりどころとなる
ものの総称である。商品計画には，仕入商品の選択，品ぞろえ，価格決定，ディ
スプレイ，販売促進，広告などが含まれる。

　　また，仕入と販売との位置関係は，あくまでも販売が目的で，仕入はその
手段である。とはいえ，"どの商品"を"どのくらいの量"，そして"いつ，ど
のようなタイミングで"仕入れるかの決定は，販売の成果を大きく左右する
ことになる。そして，それが小売業のマーチャンダイジング活動である。

正解　□ ア③　□ イ⑤　□ ウ⑨　□ エ②　□ オ⑧

第1章

第2章

第3章

第4章

第5章

第6章

模擬テスト

実力養成 問題 仕入計画と仕入予算編成（2）
仕入計画の立て方

□ 次のア～オは，仕入計画の立て方に関する記述である。正しいものには1を，誤っているものには2を記入しなさい。

ア　仕入対象の決定とは，明確な品ぞろえ構想にもとづき，仕入れるべき商品カテゴリーの幅とその品目構成の奥行を決定することである。

イ　工業製品のように大量生産によって規模の経済性が働くものは，特定品目の仕入数量を増加させるほど仕入値引が可能となり，単品当たりの仕入原価を安くすることができる。

ウ　売上を増加させるために積極的な値引政策を採用する場合，値引販売の対象となる商品の仕入価格を引き下げる体制を確立すると同時に，仕入部門で必要数量を的確に確保する。

エ　発注のタイミングがきわめて重要になるのは，流行商品や季節商品ではなく，消費者がある一定量を継続的に購入する傾向の強い定番商品である。

オ　取扱商品を幅広く少量ずつ必要に応じて仕入れる当用仕入の場合，仕入単価そのものが割高となり，発注費用も嵩むので，収益性は低下する。

POINT!! ≫ 解説 ≫≫

仕入計画に盛り込まれる項目は次の3つである。

①仕入対象　　　（何を）
②仕入数量と金額　（いくつ，いくらで）
③仕入時期　　　（いつ）

ア：例えば，専門店の場合，商品カテゴリーを絞り込み，品目構成を深くする必要がある。百貨店の場合，商品カテゴリーを絞りすぎないように配慮し，商品アイテムもある程度豊富にする。

　　また，コンビニエンスストアの場合，デイリーユースを前提とした品ぞろえコンセプトのもと，商品カテゴリーを拡大する一方で，商品アイテム

数を絞る。

イ：これに対して，第1次産業の産品の場合，たとえば生花の特定の色の花を大量仕入しようとすると，それだけの数量を確保するのは大変であるため，単品当たりの仕入価格は高いものとなる。つまり，大量仕入すれば仕入価格は必然的に下がるということは，すべての分野であてはまることではない。

　　すなわち，仕入にあたっては，仕入数量と仕入価格との関係を1つひとつ検討し，いくつかのパターンを想定する必要がある。

ウ：これは仕入金額に関する記述である。仕入金額は商品ごとの仕入数量に個々の商品の仕入単価を掛けて求めるが，ここで考慮すべきことは売上高予算である。つまり，設定された売上高予算に到達するためには，仕入金額および仕入数量はどうあるべきか，を検討しなければならない。

エ：発注のタイミングがきわめて重要となるのは，生産数量と生産時期が大幅に限定される流行商品や季節商品である。これに対して，定番商品の場合，大量生産体制と大量流通経路が整備されているので，発注の時期により仕入数量を確保できない，あるいは仕入価格が大幅に上下するということはありえない。ただ，定番商品については，最適数量をまとめて定期的に仕入れ，仕入価格を低めに設定する体制を維持することが必要である。

　　なお，流行商品や季節性の強い商品は早い時期にまとまった量を発注することにより，一定の仕入枠の確保と仕入価格の両面で有利な条件で取引できる。これを季節割引という。

オ：これも，仕入数量に関して述べたものである。取扱商品を幅広く少量ずつ必要に応じて仕入れる当用仕入の場合，仕入単価は必然的に高くなる。そのため，収益性は低下することになる。

　　したがって，売れ残りや品切れが起こらずにすむ適切な仕入数量を割り出し，なるべく定期仕入を行う必要がある。定期仕入を行うと仕入先との関係も安定的なものとなり，仕入価格の引下げも比較的容易となる。

正解　□ ア 1　□ イ 1　□ ウ 1　□ エ 2　□ オ 1

実力養成問題 仕入計画と仕入予算編成（3）
仕入予算編成

☐ 次のア～オは，仕入予算編成に関して述べたものである。正しいものには1を，誤っているものには2を記入しなさい。

ア　仕入計画を策定するためには，販売予測のためのデータ，必要売上高の把握のためのデータなどの各種データを整備する必要がある。

イ　仕入管理の役割は，策定された売上高予算にもとづいて，仕入金額や仕入数量を商品カテゴリー別に把握し，確実に商品を確保できるようにすることである。

ウ　仕入高予算は原則的には，次の計算式で導くことができる。

仕入高予算（売価）＝売上高予算＋減価予算（売価）＋期首在庫高予算（売価）
－期末在庫高予算（売価）

エ　仕入は，実際に商品を仕入先から購入したときの金額で計算するのが普通であるため，売価値で求めた仕入高予算は，（1＋予定売価値入率）を掛けて原価還元し，表示金額を修正しておく必要がある。

オ　仕入高と売上高予算については，次の関係が成立する。

純売上高＝総売上高＋売上戻り高－売上値引高
売上原価＝期首在庫高（原価）＋純仕入高（原価）－期末在庫高（原価）
純売上高＝期首在庫高（売価）＋純仕入高（売価）－期末在庫高（売価）
純仕入高＝総仕入高＋仕入戻り高－仕入値引高

POINT!! 解説

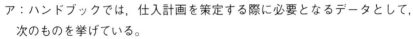

ア：ハンドブックでは，仕入計画を策定する際に必要となるデータとして，次のものを挙げている。

①販売予測のためのデータ……過去3年間の月別売上動向ならびに販売促進活動の内容と実績，過去3年程度の商品カテゴリー別売上状況とその推移，過去1年程度の来店客数と平均購買単価の推移，など。

これらのデータから，最小自乗法を用いて販売の傾向変動を指数化したり，月別平均法や連環比率法などにより季節変動指数を求めたりする。

第1章

第2章

第3章

第4章

第5章

第6章

模擬テスト

最小自乗法について，ハンドブックは次のように述べている。最小自乗法は重要用語の１つなので，ポイントはつかんでおこう。

★最小自乗法

計測データの整理に使われる方法である。「１つの量について，多数の観測値から最も確からしい値を求めるのに，その値はそれぞれの観測値との誤差の２乗の和を最小にするもので求められる」という原理を使う。

②必要売上高の把握のためのデータ……過去２〜３年間の損益計算書（固定費，変動費率，粗利益率などを把握する），商品カテゴリー別粗利益率表（損益分岐点売上高を算定する），目標利益を達成するために必要な売上高を損益分岐点分析によって算定，限界利益率（＝１−変動費率）を向上させるために粗利益貢献度の把握，などがある。

粗利益貢献度は，商品別に求めた粗利益率に，全体の商品の純売上高に占めるその商品の構成比を掛けたものである。よって，その商品の粗利益率が高く，しかも全体の純売上高に占める割合が大きい場合には，必然的に粗利益貢献度は高くなる。

③月別商品計画表策定のためのデータ……年間販売計画表，月別販売計画表，原価率，商品回転率などを参照して，月別の推移（特に季節変動など）を把握し，各月の売上高予算から各月の仕入額を求める。

百分率変異法または基準在庫法などを用いて新規年度の月初計画在庫高を算定し，仕入予算（年間など）の割出しを行う。

④商品効率の評価・判断のためのデータ……商品売上高実績値，商品別平均原価率，商品別平均在庫高などのデータを用いて，ＡＢＣ分析，トータル粗利益率，商品回転率，交差比率，商品ロス率などを把握し，商品の販売効率や在庫管理状況などを把握する

⑤仕入先企業選定のためのデータ……仕入先企業一覧表を作成し，商品の安定供給能力，新商品に関する情報提供力などについて，個々の仕入先企業ごとに自店への協力度などを査定する。また，仕入先企業の変更や新規開拓などについても検討する。

イ：なお，仕入金額の決定基準とその管理運用方法は，最寄品，買回品，専門品とも基本的には同じである。

ウ：減価予算を考慮に入れないで，期首在庫高予算，仕入高予算，売上高予算，期末在庫高予算の４つの関係について考えてみると，次式が成立する。

期首在庫高予算(売価)＋仕入高予算(売価)

　＝売上高予算＋期末在庫高予算(売価)

仕入高予算(売価)

　＝売上高予算＋期末在庫高予算(売価)－期首在庫高予算(売価)

これに減価予算を考慮すると，次式が成立する。

仕入高予算(売価)

　＝売上高予算＋減価予算＋期末在庫高予算－期首在庫高予算

ここでいう売価とは，売価＝仕入原価＋値入

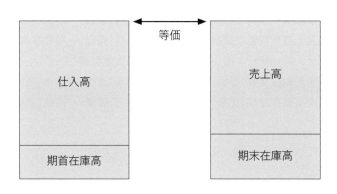

また，売価には初回売価と実際売価とがあるが，ここでの売価は初回売価のことである。初回売価とは売価を設定した時点での売価のことであり，実際売価とは値下，割引，減耗など，いわゆる減価が生じた後の販売価格である。

エ：仕入高予算(売価)ということは，仕入高を売価値で求めたものであることを示している。

仕入原価，売価，売価値入率(%)の関係は次の通りである。

$$売価値入率(\%) = \frac{売価-仕入原価}{売価} \times 100$$

売価値入率×売価＝売価－仕入原価

仕入原価＝売価－売価値入率×売価＝売価(1－売価値入率)

つまり，売価値で求めた仕入高予算を原価還元する場合，仕入高予算(売価)に(1－予定売価値入率)を掛ければよい。

たとえば，仕入高予算(売価)が500万円で，予定売価値入率が20%である場合，仕入高予算(原価)＝500×(1－0.2)＝400(万円)となる。

オ：売上戻りとは，商品の破損や汚損，季節遅れなどにより，顧客から返品される商品の額のことである。よって，純売上高を計算する際，売上戻り高は総売上高から差し引かなければならない。

一方，仕入戻しとは，商品の破損や汚損などにより，仕入先に返品した商品の額のことである。よって，純仕入高を計算する際，仕入戻し高は総仕入高から差し引かなければならない。

なお，仕入高予算と売上高予算の各項目については，次の関係が成立する。

・純売上高－売上原価＝売上総利益
・純売上高＝総売上高－売上戻り高－売上値引高
・売上原価＝期首在庫高(原価)＋純仕入高(原価)－期末在庫高(原価)
・純売上高＝期首在庫高(売価)＋純仕入高(売価)－期末在庫高(売価)
・純仕入高＝総仕入高－仕入戻し高－仕入値引高
・期末実地在庫高(原価)＝期末帳簿在庫高(原価)－減価(原価)
・期末実地在庫高(売価)＝期末帳簿在庫高(売価)－減価(売価)

図　仕入高予算と売上高予算

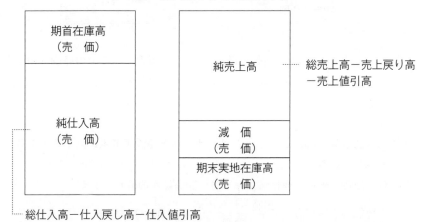

出所：『販売士ハンドブック（発展編）』

正解　☐ ア 1　☐ イ 1　☐ ウ 2　☐ エ 2　☐ オ 2

実力養成問題 仕入計画と仕入予算編成（4）
仕入予算策定上の留意点（1）

□ 次のア～オは，原価法の種類である。これらに最も関係の深いものを下から選びなさい

　ア　売価還元法
　イ　個別法
　ウ　移動平均法
　エ　総平均法
　オ　先入先出法

①棚卸商品の種類などが異なるごとに区分し，新しい仕入が行われる都度，残高評価額に仕入価格を加えた額を，残高数量に仕入数量を加えた数量で割って平均価格を算出する方法である。

②棚卸商品を種類や値入率が異なる商品ごとにグループ分けしたものの原価率を求め，他方で棚卸商品を売価で調べておき，その売価に原価率を掛けて棚卸商品の原価を求める方法である。

③棚卸商品の種類，品質，型が異なるごとに区分し，仕入の古い順に販売されたものと仮定し，期末棚卸商品は期末に最も近いときに取得した商品から構成されているとみなして評価する方法である。

④棚卸商品の種類などが異なるごとに区分し，期首繰越も含めた取得原価合計額を仕入総数量で割った額を単位価格として評価する方法である。

⑤棚卸商品の種類などが異なるごとに区分し，最終仕入原価をもって評価する方法である。

⑥期末棚卸商品のすべてについて個々の取得原価（実際原価）によって評価する方法である。

⑦棚卸商品の種類などが異なるごとに区分し，取引数量を考慮に入れずに，取得単価だけを取引回数で割った平均値をもって期末商品棚卸高を評価する方法である。

企業活動は通常，持続的に行われる。したがって，月末の在庫高はそのまま，次の月初在庫高として計上されることになる。しかし，その際，棚卸商品を何を基準に評価するかにより，その評価額は変わってくる。

　棚卸商品の単位価格を評価する方法には，時価法，原価法の２つがある。

★時価法

　　評価時点の時価で在庫額を評価する方法。市場価格が変動した際に，先物取引などでキャピタル・ゲインを得る目的で棚卸商品を保有している場合に，時価法を適用する。

★原価法

　　この評価法には，個別法，先入先出法など多くの種類がある。これらのうちどれを選択するかは自由であるが，途中からの変更は認められない。つまり，いずれか１つを選択して，継続して用いなければならない。

　⑤の記述は，最終仕入原価法に関するものである。最終仕入原価法の場合，仕入価格が高騰，または下落すると評価額に及ぼす影響が最も強くなる。

　⑦の記述は，単純平均法に関する記述である。現在の「ハンドブック」には単純平均法が掲載されてないので出題の可能性は低いと考えられるが，一応チェックしておいてもらいたい。

〔注〕かつては時価法，原価法のほかに，低価法が企業会計原則によって認められていた。低価法は，原価法による評価額と時価のいずれか低い価格をもって，対象棚卸商品の額を評価する方法である。ただ，2008年4月以降，期末の正味売却価額が帳簿価額より下落している場合には，帳簿価額を切り下げて商品評価額を計上することが強制されることになった。これは低価法に似た方法であるが，「棚卸資産の評価に関する会計基準」では原価法の枠内における処理と位置づけられている。

正　解　□　ア②　□　イ⑥　□　ウ①　□　エ④　□　オ③

表　原価法による棚卸資産の評価法

個別法	①期末棚卸商品のすべてについて個々の取得原価（実際原価）によって評価する方法。最も厳格な評価法であり，継続記録をしていなければ採用できない。 ②一般に，高額で取扱数量の少ない商品（たとえば宝石，貴金属，高級毛皮製品，高級家具，絵画など）に採用されている。
先入先出法	①棚卸商品の種類，品質，型が異なるごとに区分し，仕入の古い順に販売されたものと仮定し，期末棚卸商品は期末に最も近いときに取得した商品から構成されているとみなして評価する方法。文字どおり「先に入荷した商品から，先に出された（販売された）」と考える評価法である。 ②仕入価格が持続的に高騰すると評価額が多額になり，持続的に下落すると評価額は少額になる。最後に仕入れたときの価格が棚卸商品の評価に相対的に多く反映されるので，時価評価に近い評価ができる。
総平均法	①棚卸商品の種類などが異なるごとに区分し，期首繰越も含めた取得原価合計額を仕入総数量で割った額を単位価格として評価する方法。 ②取引価格の変動による影響が比較的薄められ，計算法も簡単である。
移動平均法	①棚卸商品の種類などが異なるごとに区分し，新しい仕入が行われる都度，残高評価額に仕入価格を加えた額を，残高数量に仕入数量を加えた数量で割って平均価格を算出する。 ②仕入の都度，平均価格を改めるので，継続記録を必要とする。評価計算が煩雑なため，期末棚卸商品の評価法にはあまり用いられない。

第1章

第2章

第3章

第4章

第5章

第6章

模擬テスト

最終仕入原価法	①棚卸商品の種類などが異なるごとに区分し，最終仕入原価をもって評価する方法。 ②単価計算の手数を要しないが，仕入価格が高騰，または下落すると評価額に及ぼす影響が最も強くなる。
売価還元法	①棚卸商品を種類や値入率が異なる商品ごとにグループ分けしたものの原価率を求め，他方で棚卸商品を売価で調べておき，その売価に原価率を掛けて棚卸商品の原価を求める方法。小売業で広く利用されており，小売棚卸法ともいわれている。 ②部門や商品グループごとに値入率がほぼ一定である場合，あるいは売価評価のしやすい定価販売制度が実施されている場合に適用できる。 〈税法上の売価還元法の計算式〉 期(月)末商品原価棚卸高＝期(月)末商品売価棚卸高×原価率 $原価率 = \dfrac{期(月)首商品原価棚卸高＋当期(月)純仕入高}{当期(月)売上高＋期(月)末商品売価棚卸高}$　←原価 　←売価

出所：『販売士ハンドブック（発展編）』

仕入計画と仕入予算編成（5）
仕入予算策定上の留意点（2）

実力養成問題

第1章

第2章

第3章

第4章

第5章

第6章

模擬テスト

□ 次のア～オは，減耗額と値入率に関する記述である。正しいもの
には1を，誤っているものには2を記入しなさい。

ア　減耗額とは，帳簿上は不足が把握できていないにもかかわらず，
　実際に現品棚卸（実地棚卸）を行った結果，帳簿と比較して不足が
　認識されたものの合計をいう。

イ　減耗額とは商品ロスのことで，店舗運営において必ず発生する。
　なお，減耗率は，減耗額の合計を純仕入高で割って求める。

ウ　減耗額の発生原因としては，万引による盗難の発生，保存中の
　目減り，検品の際の数量違いなどがあるが，販売員や担当者が見
　落としに気づいてすでに欠損処理したものについても，減耗額の
　中に含められる。

エ　小売業は，さまざまな目的による割引（値引）やマークダウンな
　どによって，当初の値入幅を計画的に実現できないのが現状であ
　る。

オ　小売業は，当初の利益幅を確保するために，マークダウンなど
　による損失分を，仕入価格の引下げ，あるいは売価の引上げによっ
　てカバーしている。

POINT!! 解説

アとウ：減耗額とは，現品棚卸の額と帳簿の額との差のことをいう。つまり，
　実際には破損などにより商品が減耗しているにもかかわらず，その実態を
　把握できていないために，帳簿上はそのままとなっている状態をいう。

　　一方，ウの場合，販売員や担当者が見落としに気づいて欠損処理してい
　るので，これは減耗額の中に入れることはできない。つまり，減耗額とし
　て計上できるのは，販売員や担当者が見落としたために，商品の現品棚卸
　を行うまでその不足に気づかなかったものに限定される。

イ：減耗率＝$\dfrac{減耗額}{純売上高}$

　　減耗額，つまり商品ロスは店舗運営においては必ず発生する。そのため，

通常は一定の推定値をもって予算化し，仕入金額の中に含めて計算し，その分の商品を余分に手配して確保している。

エ：小売業の場合，最初に付けた売価ですべての商品を売り切るのは難しいので，状況に応じて割引（値引）やマークダウン（価格そのものを付け替えて下げる＝値下）が行われる。

初回売価（仕入時点で決めた売価）と仕入原価の差を初回値入額という。そして，初回売価に対する初回値入額の率を初回値入率という。

$$初回値入率＝\frac{初回値入額}{初回売価} \times 100$$

オ：実際問題として，売価を一方的に引き上げるのは不可能である。したがって，その損失分は仕入価格の引下げによってカバーする以外に手はない。

表　減耗の発生原因とその対策

	①主因 →	②ロス状況 →	③対策
汚（破）損	陳列中の汚（破）損 倉庫保管中の汚（破）損 顧客による汚（破）損	陳列管理の不手際 倉庫管理の不手際 商品配置陳列の不備	日常の陳列管理のチェック 日常の倉庫管理のチェック 商品配置，陳列器具の点検
盗　難	部外者による盗難 部内者による盗難	店内保安管理の不備 従業員教育の不備	保安対策の検討 教育による徹底
見　本	取引先への見本持出し 顧客提供見本の損耗	見本出庫伝票の不備 見本品，販売品の区分不備	伝票の作成義務の教育 仕切り伝票の徹底
棚　卸	売場の棚卸の脱漏 倉庫の棚卸の脱漏	売場棚卸の不徹底 倉庫棚卸の不徹底	棚卸方法のチェック 〃
販　売	量込みによる損失 値引未決済損失	計量器，計量の不手際 値引事務の不徹底	計量器，計量方法のチェック 値引手続きの再点検（伝票等）
数　量	数量違い販売 数量違い仕入	数量の過剰包み込み 仕入の検品不備	販売時の確認チェック 検品の再点検
伝　票	売上伝票の間違い 仕入伝票の間違い 入荷時の検品不備 その他	売上伝票作成の不備 仕入伝票作成の不備 検品作業の不備 棚卸不備など	売掛事務の伝票確認 納品書のチェック，検品の徹底 検品のマニュアル化 売上納品の忘れ物を棚卸に算入など

出典：『マーチャンダイジングの基礎と実務知識』評言社を一部修正
出所：『販売士ハンドブック（発展編）』

正　解　□ ア 1　□ イ 2　□ ウ 2　□ エ 1　□ オ 2

実力養成問題 仕入計画と仕入予算編成（6）
仕入予算策定上の留意点（3）

□ 次のア～オは，商品の仕入価格を引き下げる方法に関する記述である。正しいものには1を，誤っているものには2を記入しなさい。

ア　数量割引とは，通常の仕入数量よりも大量に仕入れた場合に適用されるもので，これには大量割引と累積割引がある。

イ　特別割引とは，継続的な取引関係を維持している小売業や大口のユーザーに対して，さまざまなサービスをより手厚く提供すると同時に，適宜，仕入価格を割り引く方法のことである。

ウ　現金割引とは，手形や掛売りなどの信用販売が広く行われている売買において，支払いを現金または小切手などで行う場合に適用されるものである。

エ　業種割引とは，仕入れる側の小売業が一定条件の広告を行ったり，メーカー主催の特定のイベントやキャンペーン活動に参加したりすることを条件に，メーカーが小売業の仕入価格を割り引く方法である。

オ　季節割引とは，季節性や流行性の高い商品について，通常の仕入時期以前に仕入契約した場合に，早めに仕入契約を締結した分に応じて仕入価格を割り引く方法である。

POINT!! 解説

イ：特別割引ではなく，特定顧客割引が正しい。

エ：業種割引ではなく，販売促進割引が正しい。

　業種割引とは，「小売店で販売される価格としての推奨小売価格や標準小売価格を基準に，メーカーが販売価格を割り引く制度のこと。メーカーからみて，自社商品を仕入れる側が果たしている流通機能の質によって価格を割り引くので，機能割引ともいわれる」。

　なお，上記の数量割引などは記述式としても出題される可能性があるので，ポイントをよく覚えておこう。

正解 □ア1 □イ2 □ウ1 □エ2 □オ1

仕入計画と仕入予算編成（7）
月初適正在庫高の決定

□ 次のア〜オは，月初適正在庫高の算定方式に関する記述である。
正しいものには1を，誤っているものには2を記入しなさい。

ア　基準在庫法は，当月売上高予算に，月平均売上高予算から年間
　平均在庫高を差し引いた額を加算して，月初適正在庫高を求める。

イ　一般に，基準在庫法は，年間予定商品回転率が6回転を超えな
　い商品カテゴリーに適用される。

ウ　百分率変異法は，月平均売上高予算から当月売上高予算を差し
　引いた額に $\frac{1}{2}$ を掛けたものに，年間平均在庫高を加算すること
　で，月初適正在庫高を求める。

エ　週単位供給法では，年間予定商品回転率が52回転のとき，週
　当たり売上高予算が月初適正在庫高［売価］となる。

オ　在庫・販売比率法では，当月予定在庫・販売比率の値が高くな
　るに伴い，月初適正在庫高は少ないものとなる。

POINT!! ▶ 解説 ≫

　月初適正在庫高の算定方式には，次の4つがある。

・基準在庫法

・百分率変異法

・週単位供給法（週間供給法）

・在庫・販売比率法

ア：基準在庫法による月初適正在庫高［売価］の算定式は次の通りである。

> 月初適正在庫高［売価］
> ＝当月（各月）売上高予算＋（年間平均在庫高［売価］－月平均売上高予算）

　つまり，基準在庫法の場合，当月売上高予算に，年間平均在庫高から月
平均売上高予算を差し引いた額を加算して，月初適正在庫高を求める。

　たとえば，当月売上高予算が2,000万円，年間平均在庫高［売価］が3,400
万円，月平均売上高予算が2,300万円の場合，月初適正在庫高は次のよう
になる。

月初適正在庫高の算定方式

1. 基準在庫法（Basic Stock Method）　年間商品回転率 ≦ 6

   月初適正在庫高（売価）＝当月（各月）売上高予算＋（年間平均在庫高〔売価〕－月平均売上高予算）

2. 百分率変異法（Percentage Variation Method）　年間商品回転率 ≧ 6

   $$月初適正在庫高（売価）＝年間平均在庫高（売価）\times \frac{1}{2}\left(1+\frac{当月売上高予算}{月平均売上高予算}\right)$$

3. 週単位供給法（Week's Supply Method）

   $$月初適正在庫高（売価）＝週当たり売上高予算\times\frac{52}{年間予定商品回転率}$$

   （注）流行商品よりは定番商品に適する。

4. 在庫・販売比率法（Stock-Sales Ratio Method）

   月初適正在庫高（売価）＝当月売上高予算×当月予定在庫・販売比率

   $$（注）在庫・販売比率＝\frac{○月月初在庫高（売価）}{○月売上高}$$

   なお，原価で算定する場合は，いずれも月初適正在庫高（原価）＝月初適正在庫高（売価）×（1－予定売価値入率）の式を用いて，原価還元した金額を用いることが必要である。

$$月初適正在庫高（売価表示）＝2,000＋(3,400－2,300)$$
$$＝3,100（万円）$$

イ：基準在庫法は，年間予定商品回転率が6回転を超えない商品カテゴリーに適用される。

　一方，百分率変異法は，年間予定商品回転率が6回転を超える商品カテゴリーに適用される。

ウ：百分率変異法による月初適正在庫高の算定式は次の通りである。

月初適正在庫高［売価］

$$=\frac{年間売上高予算}{年間予定商品回転率}\times\frac{1}{2}\left(1+\frac{\dfrac{当月売上高予算}{年間売上高予算}}{12}\right)$$

$$=年間平均在庫高（売価表示）\times\frac{1}{2}\left(1+\frac{当月売上高予算}{月平均売上高予算}\right)$$

ここで，年間平均在庫高［売価］を 4,000，当月売上高予算を 2,000，月平均売上高予算を 2,000 とすると，

$$月初適正在庫高［売価］=4,000\times\frac{1}{2}\left(1+\frac{2,000}{2,000}\right)$$

$$=4,000\times\frac{1}{2}\times2$$

$$=4,000$$

つまり，当月売上高予算＝月平均売上高予算のとき，

月初適正在庫高［売価］＝年間平均在庫高［売価］

次に，当月売上高予算を 1,000，月平均売上高予算を 2,000 とすると，

$$月初適正在庫高［売価］=4,000\times\frac{1}{2}\left(1+\frac{1,000}{2,000}\right)$$

$$=2,000\times\left(1+\frac{1}{2}\right)$$

$$=2,000+2,000\times\frac{1}{2}$$

$$=2,000+1,000$$

$$=3,000$$

つまり，月初適正在庫高は，年間平均在庫高の半分に当月売上高予算の月平均売上高予算に対する比率を乗じたものを，年間平均在庫高の半分に加算したものである。

エ：週単位供給法による月初適正在庫高の算定式は次の通りである。

月初適正在庫高［売価］

$$=週当たり売上高予算\times\frac{52}{年間予定商品回転率}$$

たとえば，年間予定商品回転率が 52 回転であった場合，

月初適正在庫高［売価］

$$=週当たり売上高予算×\frac{52}{52}$$

$$=週当たり売上高予算$$

また，年間予定商品回転率が 26 回転であった場合，

月初適正在庫高［売価］

$$=週当たり売上高予算×\frac{52}{26}$$

$$=2×週当たり売上高予算$$

オ：在庫・販売比率法による月初適正在庫高の算定式は次の通りである。

月初適正在庫高［売価］

$$=当月売上高予算×当月予定在庫・販売比率$$

$$=当月売上高予算×\frac{○月月初在庫高［売価］}{○月売上高（実績値）}$$

したがって，当月予定在庫・販売比率の値が高くなるに伴い，月初適正在庫高は多いものとなる。

なお，たとえば，「当月売上高予算」が「2021 年 5 月の売上高予算」であった場合，「当月予定在庫・販売比率」の「当月」は 2021 年 5 月より以前の「月」でなければならない。なぜなら，「在庫・販売比率法」は過去の実績値から割り出した比率を用いて算定するものである。つまり，過去の実績から「在庫・販売比率」を計算し，それに「当月売上高予算」を乗じることで，「月初適正在庫高」を算定するものである。

第1章

第2章

第3章

第4章

第5章

第6章

模擬テスト

正 解 □ ア 2 □ イ 1 □ ウ 2 □ エ 1 □ オ 2

　『販売士ハンドブック（発展編）』の「マーチャンダイジング」の P222 には，下図「在庫の動きのモデル」が掲載されている。よって，ここでは，図の示している内容について解説しておきたい。

①図の下方に「恒常在庫」がある。これは，高度の季節性を持たない定番的な商品が常時，反復仕入されていて，一定の在庫量を維持していることを示している。

②「恒常在庫」の上方部は季節性の強い商品の在庫を示している。

③4月1日時点の在庫（4月度月初在庫）は 1,000 万円となっている。この内訳は，「恒常在庫」「3月以前仕入分」「3月度仕入分」である。「3月度仕入分」とは，3月度に仕入れてはいるが，4月向けの商品として仕入れたということ。つまり，流行商品の場合，4月度販売分の商品を4月に入ってから仕入れるケースは少なく，通常，仕入は3月あるいは2月，1月などに行われる。

図　在庫の動きのモデル

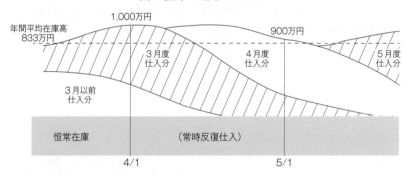

出所：『販売士ハンドブック（発展編）』

実力養成問題　仕入計画と仕入予算編成（8）
数量および金額による仕入管理

□ 次のア〜オは，仕入管理に関して述べたものである。正しいものには1を，誤っているものには2を記入しなさい

ア　数量による仕入管理は，金額で管理するよりも，価格変動や値引などを考慮しなくてもよいため，実際の商品の販売や仕入の動きに連動しやすく，取扱いが容易である。

イ　流行性や季節性が強い商品は，売れ始めてから仕入れようとしても入手が困難であるため，販売予測にもとづく見込仕入を積極的に実施する必要がある。

ウ　定番商品は流行商品などと異なり，安定的に売れていく場合が多いので，POSシステムと連動した自動仕入体制への適合をはかることが有効である。

エ　流行性や季節性が強く，売上に変動が出やすい商品の仕入には，適切なタイミングによる仕入予算の運用とその有効利用が不可欠であるため，ダラーコントロールによる仕入管理が行われることが多い。

オ　手芸品や骨董品など非常に多くの種類のものを少量取り扱ったり，商品回転率がかなり低く，販売までに時間がかかったりしそうな商品などは，数量による仕入管理よりも金額による仕入管理が適している。

POINT!! 解説

ア：数量による仕入管理は，金額による仕入管理よりも取扱いが容易であるというメリットがある。

　　ただし，品目別に仕入数量を決める場合，変動幅の大きい商品（流行商品や季節商品など）と変動幅の小さい商品（定番商品など）に分ける必要がある。

イ：流行性や季節性が強い商品は，売れ始めてから仕入れようとしても，すでに品切れになっていたり，割高になっていることがほとんどである。したがって，販売予測にもとづく見込仕入を積極的に実施する必要がある。

つまり，流行性や季節性が強い商品の場合，販売予測にもとづいて見込仕入を実施しないと，ビジネスチャンスを逃すことになる。

ウ：ハンドブックは"定番商品の仕入数量の決定"に関して，次のように述べている。

「定番商品は，流行商品や季節商品の場合と異なり，商品の先取り確保の必要性が，異常な商品不足の場合を除いて比較的少ない。むしろ，資金繰りの事情や発注費用と在庫費用の極小化の面から，欠品防止事情などを考慮し，政策的に確保すべき在庫量を割り出すと同時に，常時，手持ちとすべき数量を商品ごとに割り出し，安定供給体制を整えておく。」

つまり，定番商品の仕入については，資金繰りの事情や諸費用の極小化の面から，政策的に確保すべき在庫量と，常に保有すべき商品別の数量を割り出し，安定供給体制を整えることが大切であるということ。

エ：これに関してハンドブックは次のように述べている。

「こうした商品（流行性や季節性の強い商品）の場合は，短期的な販売動向の把握に合わせて積極的に商品選定を見直すことが必要となる。そのうえで商品カテゴリー別に仕入金額を割り振るなどの方法を通じて，売れ筋商品などを主体に仕入れる。手持ちの仕入資金を柔軟に運用するためにも，ダラーコントロールが中心となる。」

なお，ダラーコントロールとは，金額で仕入管理を行うことである。

オ：手芸品や骨董品など非常に多くの種類のものを少量取り扱ったり，商品回転率がかなり低い商品などは，数量による仕入管理と金額による仕入管理（ダラーコントロール）の接点領域に位置づけられる"視覚による仕入管理"が適している場合がある。

視覚による仕入管理とは，ベテランの販売員が自らの目で捉えて仕入品目や数量ならびに仕入金額を管理することをいう。視覚による仕入管理は数量による仕入管理や金額による仕入管理を無視したものではなく，ベテラン販売員は経験により，売れ行きに応じてこうしたコントロールを行っているといえる。

正解 ☐ ア 1 ☐ イ 1 ☐ ウ 1 ☐ エ 1 ☐ オ 2

実力養成問題　在庫投資と管理（1）
適正在庫の考え方

□ 次のア～オは，適正在庫に関する記述である。正しいものには1
を，誤っているものには2を記入しなさい。

ア　適正在庫とは，欠品を出さない最小限の在庫数量のことで，こ
れを維持することで，売上高の最大化を達成できる。

イ　在庫が過剰になると，保管効率や商品回転率の低下を引き起こ
し，これが小売業の資金繰りに悪影響を及ぼすことになる。

ウ　過剰在庫になると，商品の品質の劣化，保管作業にかかる倉庫
（ウェアハウジング）コストや人件費の増加などを引き起こすリス
クが高まる。

エ　在庫を販売することで，資産である在庫を現金化できるため，
キャッシュフローがよくなり，小売業は安定した利益を生み出す
ことができる。

オ　適正在庫とは，サイクル在庫から安全在庫を差し引いたもので
ある。

POINT!! 》 解説

ア：適正在庫を維持すると，利益の増加が期待できる。適正在庫を維持すると，
商品回転率の低下は阻止できるが，それが売上高の増加に直結するもので
はない。

イ：在庫が増加すると管理コストは増加し，不良在庫も発生しやすくなる。

ウ：これらのほかに，不良在庫の発生，値引商品の増加，商品回転率の低下
が生じるリスクが高まる。

エ：資産である在庫を販売すると，モノがカネにかわることになる。

オ：適正在庫とは，サイクル在庫に安全在庫を加えたものである。安全在庫は，
不測事態において欠品を防ぐために備えておくべき数量である。サイクル在
庫とは，発注して，次に発注するまでの間に消費される在庫量のことをいう。

正　解　□ ア 2　□ イ 1　□ ウ 1　□ エ 1　□ オ 2

□ 次の文章は,ROI に関して述べたものである。文中の〔　〕の部分に,下記の語群のうち最も適当なものを選びなさい。

　　ROI は投下資本利益率のことで,資本の収益効率を示すものである。ROI は〔ア〕を〔イ〕で割って求めるが,次のように分解できる。

$$\frac{〔ア〕}{〔イ〕} = \frac{〔ウ〕}{〔イ〕} \times \frac{〔ア〕}{〔ウ〕}$$

$$\frac{〔ウ〕}{〔イ〕} = 〔エ〕 \qquad \frac{〔ア〕}{〔ウ〕} = 〔オ〕$$

　　つまり,ROI は,〔エ〕に〔オ〕を掛けたものとなる。

〈語　群〉

①売上高　　　②売価値入率　　　③売上総利益率
④売上総利益　⑤商品回転率　　　⑥総資本
⑦平均商品在庫高　　　　⑧商品投下資本粗利益率
⑨商品投下資本回転率　　　⑩総資本回転率

POINT!! 解説

　　ROI（Return On Investment）とは,投下資本利益率あるいは投資利益率（使用総資本利益率）のことで,投下した資本総額に対してどれだけの利益を得られたかを表すものである。

　　小売業に限らず経営とは,限られた資金,人材などをいかに効率的に運用し,より多くの利益を得るかにかかっている。したがって,投下した資本がどう効率的に運用され,いかに収益に結びついているかを示す指標であるROI は重要となる。

$$ROI = \frac{売上総利益}{総資本} = \frac{売上高}{総資本} \times \frac{売上総利益}{売上高}$$

$$= 総資本回転率 \times 売上総利益率$$

　　なお,分子の利益は売上総利益や当期純利益を使うことが多いが,日常の経営活動をみる場合には経常利益が使われる。

図　ROI（投下資本利益率）の基本構造

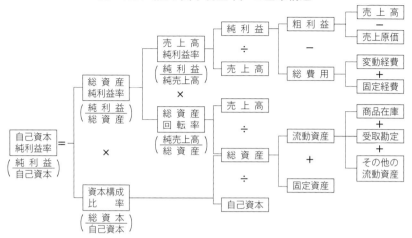

出所：『販売士ハンドブック（発展編）』

　上式から，ROI を高めるためには，総資本回転率と売上高利益率を高めることが必要となる。ただ，小売業の場合，投下する資本の大部分は商品などに運用されることから，ROI を高めるためには商品に投下した資本の収益性が重要となる。

　マーチャンダイジング管理者は，商品の開発および選定，仕入先企業の選定などを総合的に管理しているが，その業務の中心は商品に投下した資本の運用管理効率を高めることにある。つまり，その値が高いか，それとも低いかによってマーチャンダイジング管理者の評価が決まることになる。

〔注〕　総資産＝（使用）総資本＝負債（他人資本）＋純資産（自己資本）

$$\text{ROI} = \frac{\text{利益}}{\text{総資本}} = \frac{\text{利益}}{\text{総資産}} = \text{総資産利益率}$$

$$\text{総資本回転率} = \frac{\text{売上高}}{\text{総資本}}$$

$$= \frac{\text{売上高}}{\text{総資産}} = \text{総資産回転率}$$

□ 次の文章は，GMROI に関して述べたものである。文中の〔　〕
の部分に，下記の語群のうち最も適当なものを選びなさい。

　　小売業界においては，比較的容易に得られる財務データを用い
た商品別の小売業への貢献度をみる方法がある。その１つが
「GMROI（Gross Margin Return On Inventory Investment ＝商
品投下資本粗利益率）」で，計算式は次の通りである。

$$商品投下資本粗利益率（GMROI） = \frac{〔ア〕}{〔イ〕}$$

　また，この計算式は次のように展開することもできる。

$$GMROI = \frac{〔ア〕}{〔ウ〕} \times \frac{〔ウ〕}{〔イ〕}$$

　つまり，GMROI は〔エ〕と〔オ〕の相乗積で示される。

〈語　群〉
①売上総利益（粗利益）　　②商品回転率　　③粗利益率
④純売上高　　　　　　　⑤当期純利益　　⑥売価値入率
⑦在庫投資回転率　　　⑧平均在庫投資額（原価）
⑨資本構成比率　　　　⑩平均在庫投資額（売価）

POINT!! 解説

$$\text{GMROI（商品投下資本粗利益率）}=\frac{\text{売上総利益（粗利益）}}{\text{平均在庫投資額（原価）}}$$

つまり，GMROIとは，粗利益の平均在庫投資額（原価）に対する割合のことである。平均在庫投資額とは商品に投下された資本のことなので，GMROIとは粗利益の商品投下資本に対する割合ということになる。別言すれば，どれだけの商品投下資本で，どれだけの粗利益を稼ぎ出しているかを示している。

$$\text{GMROI}=\frac{\text{粗利益}}{\text{平均在庫投資額（原価）}}=\frac{\text{売上高}-\text{売上原価}}{\text{平均在庫投資額（原価）}}$$

上式を展開すると，次のようになる。

$$\text{GMROI}=\frac{\text{粗利益}}{\text{純売上高}}\times\frac{\text{純売上高}}{\text{平均在庫投資額（原価）}}$$

$$=\text{（売上高）粗利益率}\times\text{在庫投資回転率（商品投下資本回転率）}$$

GMROIと交差比率とが混同されがちなので，その違いを説明しておく。

$$\text{交差比率}=\frac{\text{粗利益}}{\text{純売上高}}\times\frac{\text{純売上高}}{\text{平均在庫投資額（売価）}}$$

つまり，GMROIと交差比率の違いは，前者が平均在庫投資額（原価）を使うのに対し，後者は平均在庫投資額（売価）を使う点にある。

原価，売価，売価値入率の関係は次の通りである。

$$\text{売価値入率}=\frac{\text{売価}-\text{原価}}{\text{売価}}$$

$$\text{原価}=\text{売価}-\text{売価}\times\text{売価値入率}$$

$$=\text{売価}（1-\text{売価値入率}）$$

したがって，たとえば次の条件が与えられているとき，平均商品在庫高（原価）は下のように求める。

- 平均商品在庫高（売価）　10,000（千円）
- 売価値入率　30%

  平均商品在庫高（原価）＝ 10,000 ×（1 − 0.3）

  ＝ 7,000（千円）

□ 次のア〜オは，GMROI などに関する記述である。正しいものに
は1を，誤っているものには2を記入しなさい。

ア　GMROI のよい点は，単品別に貢献度が測れることである。そ
れを集計すれば，カテゴリー別，部門別，店舗別などの単位での
貢献度を数値化できる。

イ　GMROI は，粗利益額で利益を代替してみる指標であるから，
販売費や一般管理費などの費用がその粗利益額で補填できること
が必要である。

ウ　粗利益率にリベートやアローワンスが含まれている場合には，
GMROI の使用は単品ごとの計算に限定されることになる。

エ　ROA は，ある期間における資本に対する事業利益の割合を表
すもので，事業利益には営業利益，経常利益，当期純利益などが
用いられる。

オ　純売上高が 500 万円，平均在庫高（売価）が 60 万円，粗利益率
が 36%，売価値入率が 25% のとき，GMROI は 380% である。

POINT!! 解説

ア：GMROI は，アパレル業界で推進されているクイックレスポンス（QR）に
よって普及したものである。クイックレスポンスとは，「POS データから
店頭での売れ筋商品を把握し，オンラインネットワークでメーカー側に伝
達することによって変化に対応した生産を可能にし，販売機会のロスを防
止することなどを狙いとしている」。

　　つまり，価格志向の強い消費者を相手に粗利益を確保するためには，低
価格化の原資を粗利益率以外に見つけなければならないため，これに商品
回転率も加味して商品を評価する GMROI が注目されることになった。粗
利益率を下げても商品回転率が上がれば，ある期間においてその商品から
得られる粗利益の絶対額は同じか，あるいはそれ以上にすることができる。

イとウ：ハンドブックでは，GMROI を使用するうえでの前提条件として，
次の3つを挙げている。

①販売費や一般管理費などの費用が粗利益額で補填できる (試験に出た!) こと。つまり，小売業が総額での利益を出していることが絶対的条件となる。

②欠品があると，商品回転率が低くなるため，その商品のGMROIは悪化する。よって，GMROIは欠品がある場合には，使用が制限されることになる。(試験に出た!)

③粗利益率にリベートやアローワンスが含まれている場合，また，将来的な返品が発生する取引条件の場合には，GMROIの使用は，商品カテゴリーなど，ある程度のかたまりの単位でしか使用できない。よって，GMROIは単品ごとに使用できなくなる。

　また，ハンドブックは，リベートとアローワンスについて次のように述べている。

★リベート（Rebate）

　個々の商品価格体系とは別に，一定期間の取引高を基準として，販売先の小売業などに対する継続的販売促進を意図してメーカーが行う営業利益の配分のこと。通常，事後に支払われる。

★アローワンス（Allowance）

　メーカーが自社商品を売ってもらうための努力をしてもらう代償として，主に小売業に支払う販促金のこと。通常，事前に支払われる。

エ：ハンドブックは，ROA（Return On Assets）について，「総資本利益率のことを指し，企業が持っている資産を利用して，どの程度の利益を上げているかを示す指標である。自己資本に他人資本（負債）を加えて，調達した資金全部を使って，どれだけ儲けることができたかをみる。自己資本と他人資本を合計したものは総資本となり，これは総資産と同額になるため，ROAを総資産利益率と呼ぶこともある」と述べている。

　なお，ROAがある期間における資本に対する事業利益の割合を表すのに対し，GMROIはある期間における商品ごとの在庫投資に対する粗利益額を表すものである。

第1章

第2章

第3章

第4章

第5章

第6章

模擬テスト

オ：計算式は次の通りである。

$$GMROI = \frac{粗利益}{平均在庫投資額（原価）}$$

まず，粗利益を求める。粗利益率 $= \dfrac{粗利益}{純売上高}$

∴粗利益＝純売上高×粗利益率

$$= 500 \times 0.36 = 180 （万円）$$

次に，平均在庫高（売価）から，平均在庫高（原価）を求める。

なお，平均在庫高＝平均在庫投資額

平均在庫高（原価）＝平均在庫高（売価）×（1－売価値入率）

$$= 60 \times (1 - 0.25)$$
$$= 60 \times 0.75$$
$$= 45 （万円）$$

以上より，$GMROI （\%） = \dfrac{180}{45} \times 100 = 400 （\%）$

正解 □ ア 1　□ イ 1　□ ウ 2　□ エ 1　□ オ 2

実力養成問題　在庫投資と管理（5）
商品回転率

□ 次の文章は，商品回転率に関して述べたものである。文中の〔　　〕の部分に，下記の語群のうち最も適当なものを選びなさい。

　　商品回転率は，入荷した商品が売場に陳列されてから販売されるまでの〔ア〕の有効性を測定する手段として一般に用いられている。商品回転率は，一定期間（一般的に１年間）にわたって，平均手持在庫の何倍の〔イ〕が形成されたかの〔ウ〕である。

　　商品回転率は，〔エ〕の効果を判定する評価基準として機能するため，小売業経営における〔オ〕の大部分を占める〔ア〕の有効活用のために活用することが望ましい。具体的には，商品投下資本の回収状態を示すだけでなく，売れ筋商品，死に筋商品を明らかにし，合理的な〔エ〕を行うための基礎資料として利用することが望ましい。

〈語　群〉
①回転数　　　②資本　　　③平均在庫高
④売価　　　　⑤売上高　　⑥商品管理
⑦在庫投資　　⑧原価　　　⑨数量
⑩平均期間

POINT!! 解説

商品回転率を求める計算式として，次の３つがある。

・商品回転率＝$\dfrac{純売上高}{平均在庫高（売価）}$……売価で求める方法

・商品回転率＝$\dfrac{売上原価}{平均在庫高（原価）}$……原価で求める方法

・商品回転率＝$\dfrac{売上数量}{平均在庫数量}$……数量で求める方法

たとえば，純売上高が2,000万円で，平均在庫高（売価）が200万円の場合，

商品回転率＝$\dfrac{2,000}{200}=10$（回転）となる。

商品回転率が10回転とは，商品を仕入れてから実際に販売されるまでの

平均期間が 1.2 か月（12 ÷ 10 ＝ 1.2）であることを意味する。したがって，イには売上高，ウには回転数が入る。

　上記の 3 つのいずれの方法を採用するにしても，商品カテゴリー別，サイズ別，色別，仕入先別などの商品回転率を検討することにより，売行きの速度を判別し，商品管理の合理化を促す資料としなければならない。

　また，アには在庫投資が入る。商品を仕入れるということは，広い意味での投資である。なぜなら，商品を仕入れることで，いずれ儲けようと考えているからである。したがって，商品を仕入れ，それを在庫というかたちで保有することは，投資の中の在庫投資にあたることになる。そして，商品回転率が高い場合には，その在庫投資は有効であったということになる。商品回転率が高いということは，在庫投資したものが短期間のうちに現金化されたことを意味する。究極的な目的はあくまでも，利潤の獲得・増加にある。

　オには，資本が入る。小売業は製造業と異なり，仕入れた商品などを使って新しく商品をつくるものではない。あくまでも，左から仕入れた商品を右に売ることにより利益を得るものである。したがって，小売業の場合，資本の大部分は仕入に使われ，在庫投資というかたちになり，それが早く売れるようにいろいろな企業努力を行うことになる。

　エには商品管理が入る。商品回転率が高いと商品管理がうまくいったということになり，商品回転率が低いとその反対の評価がなされる。

　なお，ハンドブックでは，平均商品在庫高の算出方法として，次の 4 つの計算式を挙げている。

① $\dfrac{（期首棚卸高＋期末棚卸高）}{2}$

② $\dfrac{（期首棚卸高＋中間棚卸高＋期末棚卸高）}{3}$

③ $\dfrac{〔1／2（期首棚卸高＋期末棚卸高）＋1 月から 11 月までの月末棚卸高〕}{12}$

④ $\dfrac{〔1／2（期首棚卸高＋期末棚卸高）＋51 週末までの週末棚卸高〕}{52}$

　上記の 4 つの算出方法のうち，一般には①もしくは②が使用され，1 年間を通じての季節変動を重視する場合には，③または④を使用することもある。

正解　□ ア ⑦　□ イ ⑤　□ ウ ①　□ エ ⑥　□ オ ②

記述式穴埋問題　　キーワードは**これだ！**

> 次の各問の〔　　〕の部分にあてはまる最も適当な語句・短文など
> を記入しなさい。

① 工業製品のように大量生産により〔　ア　〕が働くものは，特定品目の仕入
数量を増加させるほど〔　イ　〕が可能となり，単品当たりの仕入原価を安く
することができる。

ア	イ

② 流行性，あるいは季節性の強い商品はシーズン直前よりも，早期にまとまっ
た量を発注することで，一定の仕入枠の確保と仕入価格の両面で極めて有利な
条件で取引することができる。これを〔　　〕という。

③ Y店を調べたところ，次のことが判明した。
- 総売上高：10,850万円
- その際の売上戻り：95万円
- 季節の進行や流行の推移などを考慮した結果の値下げ：83万円
- 購売員購入分や特定得意先の購入に対する割引：54万円
- 当該月の予定平均売上総利益率（売価値入率）：60%

この場合，Y店の純売上高は〔　ア　〕万円，売上原価は〔　イ　〕万円である。
なお，端数が生じた場合，千円以下を四捨五入すること。

ア	イ

④ S店の期首在庫高が2,305万円（原価），期末在庫高が1,892万円（原価），
減耗高が173万円（原価），売上原価が9,876万円であったとき，当期純仕入
高（原価）は〔　　〕万円である。

⑤ 月初適正在庫高(売価)の算定方式はいくつかあるが，〔　　〕は年間平均在庫高(売価)から月平均売上高予算を差し引いたものに，当月売上高予算を加算したものである。

⑥ 月初適正在庫高(売価)の算定方式はいくつかあるが，〔　　〕は年間平均在庫高の半分に当月売上高予算の月平均売上高予算に対する比率を乗じたものを，年間平均在庫高の半分に加算したものである。

⑦ 原価法による棚卸資産の評価法のうち，〔　　〕は棚卸商品の種類などが異なるごとに区分し，期首繰越も含めた取得原価合計額を仕入数量で割った額を単位価格とした方法である。

⑧ メーカーが継続的な取引関係を維持している小売業や大口のユーザーに対して，さまざまなサービスを手厚く提供するとともに，適宜，販売価格を割り引くことを〔　　〕という。

⑨ 定番商品は資金繰りの事情や〔　ア　〕と在庫費用の極小化の面から，欠品防止事情などを考慮し，政策的に確保すべき〔　イ　〕を割り出すと同時に，常時，手持ちとすべき数量を商品ごとに割り出し，安定供給体制を整えておく必要がある。

ア	イ

⑩ 〔　　〕とは，発注してから次に発注するまでに消費される在庫量のことである。

第1章

第2章

第3章

第4章

第5章

第6章

模擬テスト

⑪ P店を調べたところ，次のことが判明した。
・当月売上高予算　　　：500万円
・年間予定商品回転率：4回転

　このとき，月平均売上高予算が400万円であった場合，基準在庫法によって P店の月初適正在庫高を計算すると，〔　　〕万円となる。

⑫ F店を調べたところ，次のことが判明した。
・当月売上高予算　　　：200万円
・年間売上高予算　　　：3,000万円
・年間予定商品回転率：10回転

　このとき，百分率変異法によって F店の月初適正在庫高を計算すると，〔　　〕万円となる。

⑬ 〔　　〕とは投下資本利益率のことで，投下した資本総額に対して，どれだけの利益が得られたかを表すものである。なお，分子の利益については，売上総利益や当期純利益が用いられることが多い。

⑭ ・純売上高　　　　　　：200,000（千円）
・商品回転率（売価）：5回転
・売価値入率　　　　：40％
・粗利益率　　　　　　：30％

　上記の条件にあるとき，GMROIは〔　　〕％である。

⑮　商品回転率の求め方は，「売価で求める方法」「原価で求める方法」「数量で求める方法」の３つがある。売価で求める場合，計算式は次のようになる。

$$商品回転率＝\frac{〔\qquad〕}{平均在庫高（売価）}$$

＜＿＿＿＿＿＿＿＿＿＞

⑯　・粗利益率　　　　　　：30%
　　・売価値入率　　　　　：40%
　　・商品回転率（売価）　：6回転

上記の条件にあるとき，GMROI は〔　　〕％である。

＜＿＿＿＿＿＿＿＿＿＞

⑰　・商品回転率（売価）　：8回転
　　・売価値入率　　　　　：20%

上記の条件にあるとき，商品投下資本回転率は〔　　〕回転である。

＜＿＿＿＿＿＿＿＿＿＞

正解＆解説

① アー規模の経済　　イー仕入値引

解説 規模の経済とは，生産量などを増加させることで，単位当たりの
コストを低減させること。工業製品と異なり，第一次産業の産品は，
仕入数量を増加させても，数量割引による仕入単価の引下げを実現
できない可能性の方が大きい。

② 季節割引

解説 季節割引をしてもらうため，買付契約の締結はシーズンよりもか
なり前に行うが，実際の荷受はシーズン直前に行うことが多い。

③ アー 10,618　　イー 4,247

解説 計算式は次のようになる。

純売上高＝総売上高－売上戻り－値下げ－割引
　　　　＝10,850－95－83－54
　　　　＝10,618（万円）

売上原価＝純売上高×（1－売価値入率）
　　　　＝10,618×（1－0.6）
　　　　＝10,618×0.4
　　　　＝4247.2（万円）

千円以下を四捨五入すると，
　　売上原価＝4,247（万円）

Plus

売上原価＝純売上高×（1－売価値入率）
上式は次のようにして求める。

$$売価値入率＝\frac{純売上高－売上原価}{純売上高}$$

売価値入率×純売上高＝純売上高－売上原価
売上原価＝純売上高－売価値入率×純売上高
　　　　＝純売上高（1－売価値入率）

④ 9,636

　　解説 計算式は次のようになる。

　　　　　期首在庫高＋当期純仕入高＝売上原価＋期末在庫高＋減耗高

　　　　∴当期純仕入高＝売上原価＋期末在庫高＋減耗高－期首在庫高

　　　　　　　　　　　　＝9,876＋1,892＋173－2,305

　　　　　　　　　　　　＝9,636（万円）

　　なお，「＋減耗高」の箇所がわからないという人もいるかもしれな
　　いが，減耗高の173万円がない場合には，その分，期末在庫高が増加
　　（1,892＋173＝2,065）すると考えればよい。

　　　　　当期純仕入高＝売上原価＋期末在庫高－期首在庫高

　　　　　　　　　　　　　↓

　　　　　当期純仕入高＝売上原価＋期末在庫高＋減耗高－期首在庫高

⑤基準在庫法

　　解説 基準在庫法による算定方式は次の通りである。

　　　　月初適正在庫高(売価)＝当月売上高予算＋(年間平均在庫高〔売価〕
　　　　　　　　　　　　　　　　　　－月平均売上高予算)

　　なお，基準在庫法は，年間予定商品回転率が6回転を超えない商
　　品カテゴリーに適用される。

⑥百分率変異法

　　解説 百分率変異法による算定方式は次の通りである。

　　　　月初適正在庫高(売価)

$$=\frac{年間売上高予算}{年間予定商品回転率}\times\frac{1}{2}\left(1+\frac{当月売上高予算}{\dfrac{年間売上高予算}{12}}\right)$$

$$=年間平均在庫高(売価)\times\frac{1}{2}\left(1+\frac{当月売上高予算}{月平均売上高予算}\right)$$

　　なお，百分率変異法は，一般には商品回転率が6回転以上の場合に
　　有効とされている。

⑦総平均法

　　解説 総平均法のメリットは，取引価格の変動による影響が比較的薄め
　　られることと，計算法が簡単であることである。

⑧特定顧客割引

　解説 小売業は割引やマークダウンなどを余儀なくされることがよくあるため，当初の値入幅を計画通りに実現できないことが多い。こうした状況下において，当初の利益幅を維持するためには，仕入価格の引下げを行う必要がある。仕入価格の引下げ方法は，特定顧客割引のほかにいくつかある。

⑨ア－発注費用　　イ－在庫量

　解説 流行商品や季節商品は売上高の変動幅が大きく，短期戦略型の販売を集中的に行うことが多いことから，販売数量に見合う仕入をタイミングよく集中的に実施する必要がある。つまり，販売数量の確保が最優先される。一方，定番商品は流行商品や季節商品と異なり，商品の先取り確保の必要が少ないので，安定供給体制を整えることが肝要となる。

⑩サイクル在庫

　解説 適正在庫＝サイクル在庫＋安全在庫

　よって，サイクル在庫の量が少なかった場合には欠品を起こしやすいことになる。反対に，サイクル在庫の量が多かった場合には過剰在庫が発生する。

⑪ 1,300

　解説 計算式は次のようになる。

月初適正在庫高＝当月売上高予算
　　　　　　　　＋（年間平均在庫高－月平均売上高予算）

月平均売上高予算が400万円であるので，

年間売上高予算＝月平均売上高予算×12
　　　　　　　＝400×12
　　　　　　　＝4,800（万円）

$$年間平均在庫高＝\frac{年間売上高予算}{年間予定商品回転率}$$
$$＝\frac{4,800}{4}$$
$$＝1,200$$

以上より，月初適正在庫高＝500＋（1,200－400）
　　　　　　　　　　　　＝500＋800
　　　　　　　　　　　　＝1,300（万円）

⑫ 270

解説 計算式は次の通りである。

$$月初適正在庫高＝年間平均在庫高×\frac{1}{2}\left(1+\frac{当月売上高予算}{月平均売上高予算}\right)$$

$$年間平均在庫高＝\frac{年間売上高予算}{年間予定商品回転率}$$

$$=\frac{3,000}{10}$$

$$=300（万円）$$

$$月平均売上高予算＝\frac{年間売上高予算}{12}$$

$$=\frac{3,000}{12}$$

$$=250（万円）$$

以上より，

$$月初適正在庫高＝300×\frac{1}{2}\left(1+\frac{200}{250}\right)$$

$$=300×\frac{1}{2}(1+0.8)$$

$$=300×0.9$$

$$=270（万円）$$

⑬ ROI

解説 ROI の計算式は，次のように分解できる。

$$ROI＝\frac{売上総利益}{総資本}＝\frac{売上高}{総資本}×\frac{売上総利益}{売上高}$$

$$=総資本回転率×売上総利益率$$

　なお，日常の経営活動における資本の効率性をみるときには，分子に経常利益を使用することが多い。

⑭ 250

解説 計算式は次のようになる。

$$\text{GMROI} = \frac{\text{粗利益}}{\text{平均在庫投資額（原価）}}$$

まず，粗利益を求める。

$$\text{粗利益率} = \frac{\text{粗利益}}{\text{純売上高}}$$

$$\therefore \text{粗利益} = \text{純売上高} \times \text{粗利益率}$$
$$= 200,000 \times 0.3$$
$$= 60,000 \text{（千円）} \cdots\cdots \text{（1）}$$

$$\text{商品回転率（売価）} = \frac{\text{純売上高}}{\text{平均在庫投資額（売価）}}$$

$$5 = \frac{200,000}{\text{平均在庫投資額（売価）}}$$

$$\therefore \text{平均在庫投資額（売価）} = 200,000 \div 5$$
$$= 40,000 \text{（千円）}$$

$$\text{平均在庫投資額（原価）} = \text{平均在庫投資額（売価）} \times (1 - \text{売価値入率})$$
$$= 40,000 \times (1 - 0.4)$$
$$= 40,000 \times 0.6$$
$$= 24,000 \text{（千円）} \cdots\cdots \text{（2）}$$

（1）と（2）より，

$$\text{GMROI（\%）} = \frac{60,000}{24,000} \times 100 = 250 \text{（\%）}$$

⑮ 純売上高

解説 次式で示すように，売価で求める場合，分子は純売上高となる。また，原価で求める場合，分子は売上原価となる。

$$\text{商品回転率（売価）} = \frac{\text{純売上高}}{\text{平均在庫高（売価）}}$$

$$\text{商品回転率（原価）} = \frac{\text{売上原価}}{\text{平均在庫高（原価）}}$$

⑯ 300

解説 計算式は次のようになる。

$$GMROI = \frac{商品回転率（売価）}{1-売価値入率} \times 粗利益率$$

$$GMROI（\%） = \frac{6}{1-0.4} \times 0.3 \times 100$$

$$= 300（\%）$$

検証

$$GMROI = \frac{粗利益}{平均在庫投資額（原価）} \cdots\cdots （1）$$

$$粗利益 = 純売上高 \times 粗利益率 \cdots\cdots （2）$$

$$商品回転率（売価） = \frac{純売上高}{平均在庫投資額（売価）} \cdots\cdots （3）$$

$$平均在庫投資額（売価） = \frac{平均在庫投資額（原価）}{1-売価値入率} \cdots\cdots （4）$$

(4)を(3)に代入すると,

$$商品回転率（売価） = \frac{純売上高}{\dfrac{平均在庫投資額（原価）}{1-売価値入率}} \cdots\cdots （3）'$$

(3)′より,

$$商品回転率（売価） = \frac{純売上高 \times （1-売価値入率）}{平均在庫投資額（原価）} \cdots\cdots （3）''$$

(3)″より,

$$平均在庫投資額（原価） = \frac{純売上高 \times （1-売価値入率）}{商品回転率（売価）} \cdots\cdots （3）'''$$

(2)を(1)に代入すると,

$$GMROI = \frac{純売上高 \times 粗利益率}{平均在庫投資額（原価）} \cdots\cdots （1）'$$

(3)‴を(1)′に代入すると,

$$GMROI = \frac{純売上高 \times 粗利益率}{\dfrac{純売上高 \times （1-売価値入率）}{商品回転率（売価）}}$$

$$= \frac{商品回転率（売価） \times 粗利益率}{1-売価値入率}$$

つまり，GMROI は，商品回転率（売価），売価値入率，粗利益率の3つが
わかれば計算できることになる。しかし，このプロセスを試験場で行ってい
たら時間が足りなくなるので，次の計算式はしっかり覚えておく必要がある。

$$GMROI(\%) = \frac{商品回転率（売価）}{1-売価値入率} \times 粗利益率 \times 100$$

⑰ 10

解説 計算式は次の通りである。

$$商品回転率（売価）= 商品投下資本回転率 \times (1-売価値入率)$$

$$\therefore 商品投下資本回転率 = \frac{商品回転率（売価）}{1-売価値入率}$$

上式に数値をあてはめると，
$$商品投下資本回転率 = \frac{8}{1-0.2} = 10（回転）$$

検証

$$GMROI = \frac{商品回転率（売価）}{1-売価値入率} \times 粗利益率$$

$$商品回転率（売価）= \frac{粗利益}{平均在庫投資額（原価）} \times (1-売価値入率) \times \frac{純売上高}{粗利益}$$

$$= \frac{純売上高}{平均在庫投資額（原価）} \times (1-売価値入率)$$

$$= 商品投下資本回転率 \times (1-売価値入率)$$

$$商品回転率（売価）= 商品投下資本回転率 \times (1-売価値入率)$$

戦略的商品管理の実際

第5章

□ 次の文章は，単品管理に関する記述である。〔　　〕の部分に，下記の語群のうち最も適当なものを選びなさい。

　　単品管理の本質は一つひとつの商品の動きをふまえ，〔ア〕の裏づけによって品ぞろえと〔イ〕の結果を検証することである。基本的には，商品カテゴリーごとに計画を立て，その範囲ごとに単品管理を実践し，それらのデータをもとに個々の商品が「なぜ売れないのか」「なぜ売れるのか」を検証する。そして，商品構成や〔イ〕を商品カテゴリーごとに立案し，販売数と〔ウ〕が適合するように管理していく。すなわち，単品管理とは，〔エ〕により〔オ〕，実行，検証，改善を繰り返すことで，顧客のニーズに合わせた品ぞろえを実現していくことにほかならない。

〈語　群〉
①仮説　　　　②ABC分析　　　③棚割り
④発注量　　　⑤仕入計画　　　⑥在庫
⑦数字　　　　⑧販売計画　　　⑨現状分析
⑩POSシステム

POINT!! 解説

　　単品管理（Unit Control）とは，商品を単品（SKU）ごとに管理する方法で，今日，小売業における戦略的商品管理手法の１つとなっている。ハンドブックでは，単品管理について次のように記述している。

　　「それ以上，細かく分類できない最小の単位で商品情報を把握し，マーチャンダイジングに反映していく仕組みのこと。POSシステムによる販売動向の把握，在庫管理システムによる在庫の把握などを通じて，単品ベースで品ぞろえや棚割などが可能となっている。」

　　なお，コンピュータが普及する以前は部門ごとに商品をくくり，大まかに管理していたが，コンピュータの普及・拡大が単品管理を可能にした。

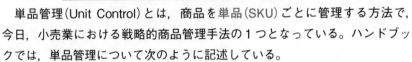

正解　□ ア⑦　□ イ⑧　□ ウ⑥　□ エ⑨　□ オ①

実力養成 問題 戦略的商品管理としての単品管理（2）
単品管理の実施と検証

□ 次のア～オは，ABC分析と単品管理に関する記述である。正しいものには1を，誤っているものには2を記入しなさい。

ア　期間合計（1日，1週間，1か月，1シーズンなど）のデータを使い，商品カテゴリーごとの品ぞろえ計画に対する検証を行う際に役立てるのが，ABC分析である。

イ　ABC分析は，商品構成のねらいと照らし合わせて検証し，重点管理する商品を把握する手法である。

ウ　POSデータによる単品別の値下や廃棄損の実績表とABC分析とを照合すると，Aランクの商品で値下を行ったケースはこれまでにない。

エ　単品管理を行い，かつ，ABC分析を行うことで問題点などを見つけ，それにもとづき再度，品ぞろえの変更がなされることになる。

オ　値下や廃棄を削減するためには，定番商品，特売商品とも，仕入数量や販売数量，在庫数量を単品ごとに把握し，検証する必要がある。

POINT!! 解説

ア：ハンドブックでは，ABC分析（ABC analysis）について次のように述べている。

「総売上高に占める割合にもとづき，在庫品目を分類する方法のこと。多数の品目を在庫する場合，すべての品目を同等に扱うのではなく，重要度に応じて管理方法などを変えるほうが効率的といえる。そこで，一般的に総売上高の約70％を占めるA品目，20～25％を占めるB品目，5～10％を占めるC品目に分けて管理する。また，売上げゼロの商品をZとして，「ABCZ分析」と呼ぶ場合もある。」

イ：ハンドブックでは，その際，次のような分析の切り口で検証するとしている。

・どのようなファクターで売れたのか（デザイン，色，価格，機能など）

・プロモーションやチラシ特売などの販促効果はどうか
・発注方法や発注単位に問題はないか
・ディスプレイの位置は的確か，POP広告や演出の効果はどうか
・フェイシングは適切か，欠品はなかったか
・どのような顧客がどのような動機で購入したのか
・プライスカードはよく見えるか，など
　つまり，ABC分析では，たとえば売れた実績だけで売れ筋などと判断するのではなく，その原因などについてもチェックを行う。
ウ：Aランクの商品でも，値下を行っているケースはある。そのため，先に述べたように，売れた実績だけで評価することはできない。つまり，販売実績とともに値下や廃棄の実績も単品管理しなければならない。
エ：品ぞろえの変更は下図のプロセスで行われる。
オ：ハンドブックは，特売商品について，「バイヤーからの数量計画の提案を受け，売場責任者が直近の当該商品におけるPOSデータを確認して数量を決定し，発注する」と述べている。

図　品ぞろえ改善に向けた単品管理のステップ

1. 単品データと売場の商品との照らし合わせを行う

↓

2. ABC分析のランクごとに細かく分析する

↓

3. 競争店調査や他店調査を行い，自店の品ぞろえと比較する

↓

4. 発注，補充，在庫管理などの問題点を分析する

↓

5. 死に筋商品やカットすべき商品をチェックする

↓

6. 品ぞろえの変更を行う

出所：『販売士ハンドブック（発展編）』

正解　□ ア1　□ イ1　□ ウ2　□ エ1　□ オ1

実力養成問題　単品管理の戦略的活用法（1）
単品管理による販売機会損失の抑制

□ 次の文中の〔　〕の部分に，下記の語群のうち最も適当なものを選びなさい。

　　小売業の取り扱う商品は，天候や気温などによって〔ア〕が大きく変化する。したがって，その変化を的確に捉え，適切な値入，発注，〔イ〕，ディスプレイなどを行ったかどうかで販売実績は大きく異なる。

　　〔ウ〕は，こうした計画的な販売機会の〔エ〕に役立つものの，怠ると売れるチャンスを逃してしまう。小売業は，〔ウ〕によって販売機会の〔オ〕を目に見えるようにすることが重要である。

〈語　群〉
①販売促進　　②損失　　　③在庫高　　④継続
⑤売上高　　　⑥商品管理　⑦創出　　　⑧予測
⑨補充　　　　⑩単品管理

POINT!! 解説

ア：「～を行ったかどうかで販売実績は大きく異なる」ので，アには「売上高」が入る。

イ：「発注，〔イ〕，ディスプレイ」の順に並んでいるので，イには「補充」が入ることになる。

ウ・エ・オ：ウには「単品管理」，エには「創出」，オには「損失」がそれぞれ入る。また，ハンドブックでは，これに関連して，次のように述べている。

・何を，いつ，いくつ仕入れ，それをどう売るかを事前に計画することによって，顧客の来店と小売店の品ぞろえがリンクし，販売機会損失，値下，廃棄などが最少化し，販売効率が向上する。

・単品管理を継続し，検証を繰り返していくことによって，品ぞろえや販売に関する問題が明らかになってくる。

正解　ア⑤　イ⑨　ウ⑩　エ⑦　オ②

単品管理の戦略的活用法 (2)
在庫管理における単品管理の取組み

□ 次の文中の〔　　〕の部分に，下記の語群のうち最も適当なもの を選びなさい。

　　マーチャンダイジングの基本は，売れる時と場合に，売れる場 所で，売れる数量を，売れる価格で，的確に取りそろえておくこ とである。そのためには，自店はどのような顧客の，どのような ニーズに対応して品ぞろえをするのかという視点からの見直しが 求められる。単品管理の実践により〔ア〕の精度を高め，さらに定 期的な〔イ〕によって〔ウ〕と〔ア〕の乖離要因を究明していく。それ が〔エ〕の効率化とともに〔オ〕の改善にもつながる。

〈語 群〉

①在庫管理　　②実在庫　　③補充
④理論在庫　　⑤納品　　　⑥経営全般
⑦品ぞろえ　　⑧発注　　　⑨販売管理
⑩実地棚卸

POINT!! 　解説

　　正確な実在庫を把握するためには，下図の手順で行う必要がある。

図　在庫管理における単品管理の手順

1. 基礎データとなる商品コードなどの商品属性の登録

↓

2. 日々の商品の入出庫情報の入力

↓

3. 定期的な実地棚卸

↓

4. 正確な実際の在庫数量の把握

出所：『販売士ハンドブック（発展編)』

　　なお，すべての在庫について理論在庫と実在庫の差異をなくすことは困難 であるが，不一致率の低減に努めることが大切である。

正 解　□ ア ④　□ イ ⑩　□ ウ ②　□ エ ①　□ オ ⑥

記述式穴埋問題　　キーワードはこれだ！

> 次の各問の〔　　〕の部分にあてはまる最も適当な語句・短文を記入しなさい。

① 〔　　〕とは，POSデータを使って単品単位で商品情報を把握し，マーチャンダイジングやマーケティング活動に反映していく仕組みのことである。

② 〔　ア　〕とは，売上高の多い品目とそうでない品目とを客観的に把握することで，適正な〔　イ　〕を行う手法である。

ア

イ

③ 単品管理の活用法の1つは，問題発見と対策の立案および実施である。たとえば，商品カテゴリー別の売上が低迷している場合は，当該カテゴリーにおける〔　ア　〕の見直しや，どの〔　イ　〕や単品が落ち込んでいるかなどの原因を単品管理により把握し，対策を講じる。

ア

イ

④ 小売業にとって重要なことは，単品管理によって〔　ア　〕損失，値下，廃棄などを最小化し，販売効率を向上させること，単品管理を継続し，検証を繰り返すことによって，品ぞろえや販売に関する問題点を明らかにすることである。このことから，単品管理の意義は，品ぞろえと販売の〔　イ　〕の継続化にあるといえる。

ア

イ

①単品管理

解説 ハンドブックは，単品管理に関して，「POSシステムや在庫管理システムなどコンピュータの普及・拡大によって，部門という大きなくくりではなく，一つひとつの商品の売れ方や管理の仕方が可能となってきた」と述べている。

②アーABC分析　　イー在庫管理

解説 ABC分析においては，総売上高に占める割合が大きい品目は欠品が生じないようバックヤードへの在庫などに注意し，反対に総売上高に占める割合が小さい品目は在庫対象から外すなどの処置を行うものである。

③アープライスライン　　イー品目

解説 単品管理の活用法は，「問題発見と対策の立案および実施」のほかに，次の3つがある。

(1)商品構成の計画および検証

　　月別，シーズン別の商品構成を企画し，それを単品管理で検証する。つまり，品ぞろえした商品構成の意図が顧客の支持を得たかどうか，などを検証する。

(2)販売計画や数量計画の立案および促進

　　週，月ごとの販売計画や販売促進計画を考慮に入れた単品ごとの数量計画を策定し，単品管理する。

(3)正確な発注と的確な在庫管理

　　単品管理により商品の仕入数量，販売数量，在庫数量を正確に把握することで，発注の精度を高める。また，単品別販売数量にもとづいた適正在庫数を決定し，それを踏まえた適正なフェイシングを実施する。

④アー販売機会　　イーPDCAサイクル

解説 顧客が買うつもりでいても，その商品が陳列していないため，購入できないことがよくあるが，これは売り手側からすれば"販売機会損失"となる。こうした事態を単品管理により，できるだけ減少させようという取組みが各小売業で実施されている。

　　単品管理のPDCAサイクルについては，次図を参照してもらいたい。

図　単品管理のPDCAサイクル（モデル）

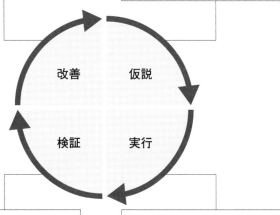

・販売計画を見直す。
・販売方法や発注方法を修正・改善する。

・販売計画を立案する。
・単品別に販売数量を検討する。
・どこでどのように販売するか販売方法を検討する。

改善　仮説

検証　実行

・POSデータの分析を行う。
・仮説とその結果を比較・検討する。
・販売実績とその理由について担当者を交えて検討する。

・販売計画にもとづき，発注や売場演出などを適正に遂行する。
・目的と数量の裏づけを明確にした発注を行う。

出所：『販売士ハンドブック（発展編）』

物流システムの実際

□ 次のア〜オは，小売業の物流センターに関して述べたものである。
正しいものには1を，誤っているものには2を記入しなさい。

ア　物流センターは，単なる貯蔵倉庫ではなく，流通加工，仕分け，
出荷機能といった複合機能を備えている。

イ　物流センターは3つに大別されるが，これらのうち，卸売業の
物流センターに近い機能を持つのはトランスファーセンター
（TC）である。

ウ　プロセスセンターは主に惣菜や生鮮食料品を扱っており，集荷
した商品（食材）を加工・調理してプリパッケージした後，各店舗
に配送する。

エ　ディストリビューションセンターは，商品在庫を持ち，店舗か
らの発注を受けるごとにオーダーピッキングによって出荷する物
流センターである。

オ　卸売業がオーダーピッキング，仕分，検品などを行うため，プ
ロセスセンターが行うのは末端配送にかかわる部分のみである。

POINT!! 解説

ア：そのため，サプライヤーは有力なチェーンストアや百貨店が設置した物
流センターに商品を一括納品し，そこで店舗別に仕分けして，各店舗に配
送している。なお，日本において，有力チェーンストアなどが物流センター
を設置し始めたのは1970年代半ばごろからである。

イとエ：物流センターは機能面から，ディストリビューションセンター（DC），
トランスファーセンター（TC），プロセスセンター（PC）の3つに大別される。
　　表「DCとTCの基本的特徴の比較」を見てみよう。ディストリビューショ
ンセンター（DC）の場合，「センターにあらゆる商品在庫を置き，発注に
応じてピッキングを行って店舗に配送している」ことから，「卸売業の物流
センターに近い機能を持つ」といえる。なお，ピッキングとは，注文など
に応じ特定の物品を保管場所から取り出すことをいい，オーダーピッキン
グとは，注文（オーダー）単位でピッキングを行うことをいう。

表　DC と TC の基本的特徴の比較

ディストリビューションセンター（DC）	トランスファーセンター（TC）
・センターにあらゆる商品在庫を置き，発注に応じてピッキングを行って店舗に配送する。	・センターには在庫を置かず，納品された店別カテゴリー別商品をその日のうちに店舗に配送する。
・卸売業の物流センターに近い機能を持つ。	・物流企業のターミナルに近い機能を持つ。
・卸売業が行うのはセンター在庫の補充のみ。センターがオーダーピッキング，仕分け，検品などを行う。	・卸売業がオーダーピッキング，仕分け，検品などを行う。センターが行うのは末端配送にかかわる部分のみ。
・店舗発注〜納品のリードタイムは，在庫があれば極めて短く設定できる。	・店舗発注〜納品のリードタイムは，最低24時間程度は必要。
・取扱いアイテムの絞り込みが必要。	・取扱いアイテムは多くてもよい。
・日配品は取り扱えない。	・日配品も取扱い可能。

出所：『販売士ハンドブック（発展編）』

ウ：プロセスセンターとは加工処理センターのことで，その多くは工場に隣接していて，日配品や生鮮食品などの流通加工や包装，値付を一括して行っている。そのため，各店舗での加工処理作業は減少することになり，店舗運営のロスやコストを軽減できることになる。

オ：プロセスセンターではなく，トランスファーセンター（TC）が正しい。
　　TCシステムは，事前に納品先別に仕分けてあるパターンと，センターで納品先別に仕分けるパターンに分けられる。一般に，前者をTCⅠ型，後者をTCⅡ型という。卸売業にバラ商品の店舗別ピッキングを依存し，仕分け済みの形態でセンターに持ち込まれるTCⅠ型の店別納品は卸売業にかなりの作業負担がかかることから，最近はTCⅡ型の総量納品が一般的となっている。総量納品の場合，小売業がトランスファーセンターで店舗別商品カテゴリー別に仕分けるため，各店舗ではノー検品が可能となる。

正解　□ ア1　□ イ2　□ ウ1　□ エ1　□ オ2

□ 次の文章は，小売業の物流システムに関するものである。文中の
　〔　〕の部分に，下記の語群のうち最も適当なものを選びなさい。

　　小売業の物流システムの形態は4つある。〔ア〕は総合品ぞろえ
　スーパー（スーパーストア）や百貨店などが自前で配送センター
　を建設し，そこを拠点に各店舗に必要な商品をトラックで一度に
　運ぶシステムである。
　　〔イ〕を一歩進めたのが商品分野別のサプライヤーを取りまとめ
　た温度帯別時間帯指定の〔ウ〕である。こうした集約型〔ウ〕の導入
　により，〔エ〕は劇的に削減された。なお，小売業の物流システム
　は〔ア〕，〔イ〕，〔ウ〕のほかに〔オ〕がある。
　〈語　群〉
　①コンテナ　　　　　②窓口問屋制　　　③第三者物流
　④納品車両　　　　　⑤一括統合物流　　⑥クロスドッキング
　⑦混載型納品システム　　　⑧納品代行システム
　⑨共同配送システム　　　　⑩高頻度納品システム

POINT!! ▶ 解説

　小売業の物流システムの形態は次の4つである。
・一括統合物流
・窓口問屋制
・納品代行システム
・共同配送システム
　窓口問屋制は指定問屋制ともいわれるもので，ある指定された問屋が他の
問屋からも商品を配送センターに集め，それらをまとめて店舗に運ぶシステ
ムである。
　納品代行システムは，主に百貨店業界において中間に置かれ納品代行業者
が多くのサプライヤーから商品を集荷し，商品センターに持ち込むシステム
である。

正解　□ア⑤　□イ②　□ウ⑨　□エ④　□オ⑧

実力養成問題 小売業の物流システムと物流センター（3）
小売主導の物流システム（2）

□ 次のア～オは，店舗形態別の物流システムに関して述べたものである。正しいものには1を，誤っているものには2を記入しなさい。

ア　チェーンストアの物流を店舗形態別にみると，一括物流に最も早く取り組んだのはコンビニエンスストア（CVS）業界である。

イ　CVS業界の物流システムは温度管理も徹底され，常温，冷蔵，冷凍と3温度帯のサプライチェーンを確立している。

ウ　ホームセンター（HC）業界の物流システムは，卸売業が注文を受けた商品を全店分まとめて物流センターへ納品するとともに，通常，店別の仕分けも行われている。

エ　スーパーマーケット（SM）の物流センターは，「青果，鮮魚，精肉」を扱う生鮮センター，「惣菜，日配品」を扱うチルドセンター，「冷凍食品」を扱う冷凍センターの3つに大別できる。

オ　SMチェーンの従来の商品補充体制は，ケース単位の発注を基本とし，週3回・発注翌々日の納品であったが，センターに在庫を持つ一括物流の導入により，週7回・翌日納品，低回転商品は1本1個単位で発注できることとした。

POINT!! 解説

ア：CVSは取扱品目が約3,000アイテムと少なく標準化されており，店舗スペースも限られているため，補充発注にかかわる業務が比較的システム化しやすく，その必要性も高かった。

イ：常温，定温，冷蔵，冷凍と4温度帯のサプライチェーンを確立している。

ウ：通常，店別の仕分けは行わず，納品されている。つまり，総量納品が一般的である。

エ：このほかに，「加工食品，菓子，雑貨」を扱うドライセンターがある。

オ：この結果，納品率は従来の93～94％から99.7％にまで上昇した。

正解　□ア1　□イ2　□ウ2　□エ2　□オ1

□ 次の文中の〔　〕の部分に，下記の語群のうち最も適当なもの
を選びなさい。

　〔ア〕センターの開発や運営の大部分を外部の物流専門企業に
〔イ〕しているチェーンストアは少なくない。開発運営を専門に担
う〔ウ〕として，メーカーの物流子会社や総合商社などがそれぞれ
の得意分野を生かしながら取り組んでいる。とりわけ，卸売業と
物流業は重点的に取り組んでいる。卸売業はメーカー直接取引と
いう「〔エ〕」の進展による将来的な業務縮小の不安から，物流業務
代行ビジネスに力を入れている。
　一方，これまでの配送保管という単独業務の代行だけでは利益
を確保することが困難になっている物流業は，〔ア〕センターの運
営委託をひとつの足がかりとして，〔オ〕への転身をはかる動きを
活発化させている。

〈語　群〉
①受託企業　　②中抜き　　③商品　　④ロジスティクス
⑤一括物流　　⑥買取　　⑦アウトソーシング
⑧委託企業　　⑨ファーストパーティ・ロジスティクス
⑩サードパーティ・ロジスティクス

POINT!! 解説

　一括物流とは，小売業が仕入先から物流センターに商品を集荷し，それを
各店舗に一括して配送するシステムのことをいう。ただ，物流センターの機
能が多様化しているため，チェーンストアなどとしてはそれが重荷ともなっ
ており，物流センターの機能をアウトソーシングする場合が多くなっている。
　また物流の管理は，かつてはファーストパーティ・ロジスティクス(第一
者物流企業)が行うのが当たり前であったが，最近，アウトソーシング受託
企業がサードパーティ・ロジスティクス(3PL＝第三者物流企業)への転身を
はかっている。

正解　□ ア⑤　□ イ⑦　□ ウ①　□ エ②　□ オ⑩

実力養成問題　小売業の物流システムと物流センター（5）
流通コラボレーションの取組み

□ 次の文中の〔　　〕の部分に，下記の語群のうち最も適当なものを選びなさい。

　近年，物流に代わって〔ア〕という考え方が浸透してきている。物流は，単に素材や商品の輸送，保管，入出荷に関する物理的業務である。これに対して，〔ア〕は，商流，物流，〔イ〕流に関するトータルな管理システムを意味する〔ウ〕的業務である。

　小売業が主導し，流通における最適な事業活動を目指す〔エ〕構築の時代には，〔イ〕の共有化を前提として無駄なコストと在庫を排除する〔ア〕の概念を採用することが必須である。それには個別レベルの物流ではなく，企業間連携を前提とした〔オ〕的な物流の仕組みが求められる。

〈語　群〉
① SCM　②情報　③戦略　④垂直
⑤ DCM　⑥事業　⑦戦術　⑧ロジスティクス
⑨横断　⑩コラボレーション

POINT!!　解説

上文に関連して，ハンドブックでは次のように述べている。

「DCM時代のロジスティクスは，市場および小売店の販売状況を起点に，すべてのビジネスプロセスを見直し，最も効率的で無駄のない商品の調達や在庫の最適化をはかるねらいがある。これにより，多くの部門にわたる在庫の削減と発注リードタイムの短縮化がはかられ，流通の合理化が実現される。」

また，ハンドブックは，「従来の物流は仮需（見込生産，見込発注）にもとづいているがゆえに非効率が発生する。それを前提に，各段階の荷主企業は流通市場で「何がどれだけ売れているか」を掌握しないまま物流活動を行ってきた」と述べている。

正解　□ ア⑧　□ イ②　□ ウ③　□ エ⑤　□ オ⑨

□ 次のア～オは，物流 ABC に関する記述である。正しいものには
1を，誤っているものには2を記入しなさい。

ア　ABC は物流業務を行う現場でのさまざまな作業の一つひとつ
　を細かく分析し，より実態に合ったコストを把握しようとする新
　しい手法である。
イ　物流 ABC の実施手順の第1は，現場の実作業に沿ったさまざ
　まな作業基準を抽出し，その個々の作業レベルに業務範囲，発生
　コスト，コスト把握方法，コストドライバーを設定していく。
ウ　物流 ABC の実施により得られたデータは，ABC 原価の高い
　ところ，もしくは全体の作業の中で構成比の高いところからコス
　トの発生要因分析を行う。
エ　物流 ABC によるコスト算定を行うことで，作業にかかわる問
　題点はコストとして算定されるため，作業の無駄を改善すること
　によるコスト削減の計算ができる。
オ　ABC から得られるコスト分析をもとに，業務プロセスを改善
　したり，物流の取引条件を見直すなど経営改善を行う手法を
　ABM という。

POINT!! 解説

ア：ABC とは，Activity Based Costing の略称で，日本では「活動基準原価
　計算」と訳される。
　　従来の物流コストは，出荷形態別，物流領域別（販売・調達・社内など），
　物流機能別（保管・輸送・荷役など）の集計を行うことで算出されていた。
　つまり，帳票（経理）ベースでの算出であったため，物流の活動実態を正確
　に把握することが難しいものであった。
イ：図「物流 ABC の手順」を見てわかるように，第1は「社内にプロジェクト
　チームを編成する」。一般には，外部に物流機能をアウトソーシングする
　大手チェーンストアがプロジェクトチームを編成している。
　　コストドライバー（Cost Driver）について，ハンドブックは次のように

述べている。

　「ABC（活動基準原価計算）に使われる演算方法のこと。コストを発生さ
せるさまざまな活動をつかみ，その活動ごとにコストを集計し，それらを
コスト発生要因（コストドライバー）を基準として商品別に配分する方法を
指す。」

ウ：ABC は物流の実態を正しく反映したコスト計算を行うことで無駄なコス
　トの削減を目的としているので，当然 ABC 原価の高いところ，もしくは
　全体の作業の中で構成比の高いところからコストの発生要因を分析する。
　また，この結果，問題点を抽出し，それを改善していくことになる。

エ：ハンドブックでは，「物流 ABC によるコスト算定」を行うことのメリッ
　トを4つ挙げているが，問題文はこれらのうちの「現場の無駄を発見する」
　というメリットについて述べたものである。

　物流 ABC の計算過程において，作業ごとの詳細な実態が明らかとなる
ため，"どの作業が無駄であるか"などが解明され，これらを改善すること
でコスト削減が達成されるというもの。

オ：ABM とは，Activity Based Management の略称で，日本では「活動基準
　原価管理」と訳される。

　また，ABM の考え方を物流に応用したものが物流 ABC である。ハンド
ブックは物流 ABC について，次のように述べている。

　「これ（物流 ABC）により，これまでできなかった最小単位のさまざまな
庫内作業コストが把握できるようになった。さらに，3PL（第三者物流企業）
においては，実態に合った小売業（クライアント）別の物流コスト把握や各
種の分析に利用できることから，大幅な物流改善と新たな経営戦略を打ち
出すことが可能となる。」

正　解　□ ア 1　□ イ 2　□ ウ 1　□ エ 1　□ オ 1

図 物流 ABC の手順

1. プロジェクトチームの編成
   ABC 導入の目的を明確にし，社内にプロジェクトチームを編成する。この チームには，チェーンストアの物流担当者と商品担当者をはじめとして，経 理や財務部門の担当者の参加が必要となる。

2. 活動（アクティビティ）の設定
   現場の実作業に沿ったさまざまな作業基準を抽出し，その個々の作業レベ ルに業務範囲，発生コスト，コスト把握方法，コストドライバーを設定して いく。通常，入荷から出荷までの庫内の作業基準は約 60 ～ 80 個ある。ただ，詳細に分類し，設定すればいいというものではない。作業単位が小さくなり すぎて，どこに改善余地があるのかが診断できなくなることを避けなければ ならない。

3. 諸経費の把握と費用の配分
   庫内作業などの諸経費を把握し，把握した費用を物流作業別に配分してい く。この作業については経理，財務部門にも参加してもらい，発生している 諸経費が複数の物流作業に影響している場合は構成比などで按分（あんぶん）していく。

4. 物流活動における作業時間の測定
   物流活動の作業ごとに，どのくらいの数量（商品）を，何人で，何分で作業し たか，時間（人時生産性）の測定を行う。通常，プロジェクトメンバーが実 際の作業者のそばでストップウォッチなどを用いて調査する。ただし，調査 には数週間かけて平均的なデータ取りを行う必要がある。

5. 作業の最小単位の原価を把握
   1 つの庫内作業に対して，1 つの商品を処理するのに必要な人件費とそれ にかかわる正確な経費をプラスして，作業の最小単位での原価を把握する。

出所：『販売士ハンドブック（発展編）』をもとに作成

第1章

第2章

第3章

第4章

第5章

第6章

模擬テスト

記述式穴埋問題　　キーワードは**これだ！**

> 次の各問の〔　　〕の部分にあてはまる最も適当な語句・短文を記入しなさい。

① 小売業の物流センターは機能面から３つの形態に大別される。これらのうち，〔　　〕は商品在庫を持ち，店舗からの発注に応じてピッキングを行い店舗に配送を行っており，卸売業の物流センターに近い機能を保有している。

② 〔　　〕は通過型の物流倉庫で，在庫を持たず，卸売業からの納品を店舗別および商品カテゴリー別の仕分けと納品を行う。

③ 〔　　〕とは加工処理センターのことで，主に惣菜や生鮮食料品を対象に，集荷した食材を加工・調理してプリパッケージした後，値付を行い各店舗に配送している。

④ DC で実施されているシステムは〔　ア　〕(WMS)に必ず組み込まれているシステムで，入荷→格納→在庫→ピッキング→出荷といった各工程において，物流情報をハンディターミナルや〔　イ　〕を通じて読み取り，作業者に効率的な指示を提供している。

ア

イ

⑤ トランスファーセンターに卸売業などが納品する際，事前に納品先別に仕分けして納品するパターンを〔　ア　〕，そして，卸売業などが納品後，トランスファーセンターで納品先に仕分けするパターンを〔　イ　〕と呼ぶ。

ア

イ

⑥ 〔　ア　〕とは，必要なものを，必要なとき，必要な数量だけ納入する方式のことである。そのため，必然的に〔　イ　〕となり，積載効率の低下や配送車両の急増といった問題が発生した。

ア	イ

⑦ 小売業の物流システムの形態はいくつかあるが，これらのうち，〔　　〕は総合品ぞろえスーパー（スーパーストア）や百貨店などが自前で建設した配送センターを拠点に，各店舗に商品をトラックで一度に運ぶものである。

⑧ 〔　　〕とは，百貨店などの大規模小売店において，多くのサプライヤーの中から特定の納品代行業者を指定し，その納品代行業者が一括して集荷し，配送センターに持ち込む仕組みである。

⑨ 〔　　〕とは，代表となる問屋を指定し，その問屋が他の問屋の商品を集荷し，配送センターに持ち込み，店舗別に仕分けなどした後，各店舗にトラックで運ぶというもの。

⑩ 一括物流システムの特徴として，〔　　〕台数を削減できる，物流センターで商品を事前に一括検品できる，卸売業者などの負担が軽減される，などが挙げられる。

⑪ 一括物流システムによるチェーンストアのメリットとしては，〔　ア　〕作業が簡素化できる，店舗側での〔　イ　〕作業が不要となる，補充・ディスプレイの作業時間が短縮化できる，などがある。

ア	イ

⑫ 〔　　〕ラベルとは，オンライン(EDI)で伝送される ASN（事前出荷データ）と納品された商品を照合するため，納品される段ボールなどに貼り付けるバーコード・ラベルのこと。

⑬ 物流は，単に素材や商品の輸送，保管，入出荷に関する物理的業務である。これに対して，〔　　〕は，商流，物流，情報流に関するトータルな管理システムを意味する戦略的業務である。

⑭ 〔　　〕とは，納入業者から送り先に対して，商品着荷の前に出荷明細を電子データで送信することをいう。

⑮ 〔　　〕とは，物流における第3の主体であるアウトソーシング受託事業者が荷主の立場に立って，物流システムの改善などを提案し，包括的に物流業務を受託する事業のこと。

⑯ メーカーや卸売業などの各サプライチェーンと小売業は両者の壁を取り除くため，〔　　〕を合言葉に「生産，在庫，販売情報の共有」などさまざまなことに取り組んでいる。

⑰ 物流コスト管理の目的はいくつかあるが，作業別単価基準の設定とは，ピッキング，検品，出荷伝票発行，梱包，輸送などの作業別に〔　　〕の単位を算出し，単価基準を設定することである。

①ディストリビューションセンター（DC）

　解説　ディストリビューションセンター（DC）の特徴は，トランスファーセンターが在庫を持たないのに対して，売場と同じ在庫を持っていることである。また，ハンドブックはDCについて，「売場のフロアゾーニングに即した商品カテゴリー別ロケーション設定により，商品を取りそろえるカテゴリー納品や，一定の賞味期限を割り込んだ商品に対して，自動的にアラームを出すといった日付管理など，高度な店舗支援サービスを提供する」と述べている。ここでのキーワードは「カテゴリー納品」である。

②トランスファーセンター（TC）

　解説　トランスファーセンターは通過型の物流センターであるので，荷物を保管することはなく，その日のうちに店舗に配送される。なお，TCは店舗近辺に配置され入荷・検品・店別仕分けなどを行い，すぐにトラックへ積み替えられる。

③プロセスセンター

　解説　プロセスセンターは，スーパーマーケットの各店舗で行われていた生鮮食品の仕入れ，加工，調理を一括して行う拠点ともいえるものである。

④ア－倉庫管理システム　　イ－マテハン

　解説　倉庫管理システム（WMS：Warehouse Management System）は，入庫管理，在庫管理，出荷管理など，倉庫内の運営をサポートするシステムのこと。ここでのポイントは，倉庫管理システムの略称がWMSであることと，DC（ディストリビューションセンター）システムはWMSに必ず組み込まれているシステムということ。

　　また，ハンドブックはマテハン（Material Handling）について「マテリアル・ハンドリングの略で，商品や製品などを効率的に運搬管理すること。モノの移動距離の最小化などの効率的な運搬管理を実現する道具はマテハン機器といわれる」と述べている。

⑤ア－TCⅠ型　イ－TCⅡ型

解説 TCⅠ型の店別納品は卸売業などにかなりの作業負担がかかるため，最近はTCⅡ型の総量納品が一般的となっている。TCⅡ型の場合，チェーンストアの全店分を卸売業がセンターに納品し，そこで店舗別・カテゴリー別に仕分けすることから，各店舗ではノー検品が可能となる。

⑥ア－ジャストインタイム(JIT)物流　イ－多頻度少量配送

解説 積載効率の低下などに対応するため，共同配送の仕組みが導入された。これは1台のトラックに異なる企業の荷物を載せて，同一の配送先へ同時納入することである。これにより，物流コストの大幅引き下げが可能となった。

⑦一括統合物流(一括統合システム)

解説 この結果，各店舗はトラックの到着回数も大幅に減少することで，入荷・検品作業に追われることなく，効率的なストアオペレーションができることになる。

⑧納品代行システム

解説 特定の納品代行業者が集荷し，配送センターに持ち込まれた商品はそこで仕分け・検品され，各店舗にトラックで運ばれることになる。

⑨窓口問屋制

解説 ハンドブックは，小売業にとっての窓口問屋制のメリットとして，次のものを挙げている。

・メーカー主導型の流通系列化を崩し，自らの主体性を発揮できる。
・商品分野別に複数の卸売業と取引し，相互に競わせることで得るメリットよりも，1社に集中することによる規模の利益のほうが大きい。
・多頻度小口の物流を，自らのリーダーシップのもとに実現できる。

⑩納品車両

解説 表「一括物流システムの特徴とチェーンストアのメリット」を参照のこと。

⑪ア－荷受け　イ－検品

解説 次表を見て，重要と思われる箇所には何らかの印をつけておこう。

表　一括物流システムの特徴とチェーンストアのメリット

一括物流システムの特徴	チェーンストアのメリット
・納品車両台数を削減できる ・物流専用センターとしての運営 ・夜間・定時配送の実施 ・センターでの事前一括検品 ・ベンダー納品からカテゴリー納品への変革 ・流通在庫や欠品商品などのデータの一括処理 ・発注から納品まで，店舗に合わせたタイムチャートの構築 ・納品物流の集約化 ・卸在庫の移管 ・SCM ラベル発行，ASN 情報のオンライン伝送など，バラ商品のトータル管理体制の確立	・荷受け作業を簡素化できる ・店舗周辺の住宅環境に配慮できる ・専用管理により物流全体の品質が向上する ・翌朝の補充作業が可能となり，オープン時の 100％品ぞろえが実現できる ・店舗側での検品作業が不要となる ・補充・ディスプレイの作業時間が短縮できる ・EDI の導入が容易となる ・一括発注が実現する ・レイバースケジューリングプログラムが実施できる ・在庫が削減され，在庫の質が向上する ・全体を視野に入れた棚割提案が可能となる ・多数の納入企業を集約化でき，事務処理の合理化がはかれる ・物流作業ミスによる売場欠品が減少する ・リードタイムが短縮する ・ASN 情報が事前に本部に送られているため，SCM ラベルをスキャンするだけで検品，納品確定が可能になる。

出所：『販売士ハンドブック（発展編）』

⑫ SCM

解説 荷受・検収の際，荷受する側は SCM ラベルのバーコードから商品の内容を読み取り，事前に納入業者から送付された ASN（事前出荷明細データ）と突き合わせることで，検収が完了する。なお，SCM とは，Shipping Carton Marking の略である。

⑬ ロジスティクス

解説 ロジスティクスの実践により，見込みにもとづいた生産が回避される，欠品の減少により販売機会ロスが減少する，在庫が削減されるなどの効果が生まれる。

また，ハンドブックはロジスティクス（Logistics）について，「物流にとどまらず，物流をより効率的にするような戦略的計画の立案および統制するプロセスを含んだ概念のこと」と述べている。

⑭ ASN

解説 この結果，検収作業は軽減され，大幅なコストの削減などが実現で

きることになる。ASNとは，Advanced Shipping Noticeの略である。

⑮サードパーティ・ロジスティクス

解説 ハンドブックは，サードパーティ・ロジスティクス(3rd Party Logistics)について，「荷主に対して物流システムの改善などを提案し，包括的に物流業務を受託する業務のこと。受託の対象として，輸配送だけでなく，保管や在庫管理，そして流通加工などの業務が含まれる」と述べている。

なお，物流における第1の主体は荷主企業であり，第2の主体は運送会社などの物流事業者である。

⑯流通コラボレーション

解説 メーカーや卸売業などの各サプライチェーンと小売業の両者は，次のような項目の実現に取り組んでいる。

(1)生産，在庫，販売情報の共有

(2)需要の把握と予測に関する協業

(3)情報システムと業務ルールの標準化と統一

(4)「流通コラボレーションに参加するすべての企業の最適化」に向けた目的意識の明確化と共有　など

⑰標準原価

解説 物流コスト管理の目的は，「作業別単価基準の設定」のほかに次の3つがある。

・作業別採算性の把握

作業別標準原価の単価に処理量を乗じて作業別コストを算出することで，物流サービス別採算性の把握や販売部門別コストの把握(コストの可視化)が可能になる。

・作業改善後の作業別単価，コストの予測

作業改善後または不採算の作業を排除した場合の作業別単価やコストを予測し，工程や工数を削減することで，作業コストをどの程度低減できるかを試算する。

・継続的なコスト管理の実施

物流ABCによる作業別の標準原価の単価やコストを直接的または間接的に配分できる計算方法が確立できれば，これらをシステム化することにより，継続した原価管理の仕組みとしてABCを導入できる。いわゆるABCからABMの段階へと進むことが可能となる。

リテールマーケティング（販売士）検定試験 1級　模擬テスト（マーチャンダイジング）

注実際のネット試験では，テスト開始の前に，練習画面があって解答練習ができます。

模擬テストを始める前に

本書の最初に，「ネット試験の概要」で説明したように，実際のネット試験は次のようになっています。

マーチャンダイジング　1／20問

次の各問の〔　〕の部分にあてはまる最も適当なものを選択肢から選びなさい。

商品予算は，売上高予算，在庫高予算，減価予算，値入高予算，仕入高予算から編成されている。ただ，〔　〕は他の予算と異なり，他の予算が決まると，これらをもとに自動的に計算することになる。

- ◦　売上高予算
- ◦　在庫高予算
- ◦　値入高予算
- ◦　仕入高予算

マーチャンダイジング　2／20問

次の各問の〔　〕の部分にあてはまる最も適当なものを選択肢から選びなさい。

2021年前期において，N店の売上原価が14,431万円，期首在庫高（原価）が3,393万円，期末在庫高（原価）が2,538万円であった。この場合，2021年前期の純仕入高（原価）は〔　〕万円であったことになる。

- ° 12,783
- ° 13,576
- ° 14,092
- ° 15,286

マーチャンダイジング　11/20問

次の各問の〔　　〕の部分にあてはまる最も適当な語句・短文を記入しなさい。

〔　　〕とは，機能割引ともいわれ，メーカーが卸売業や小売業が果たしている機能を評価したうえで，販売価格を割り引くもので，一般に小売業よりも卸売業のほうが割引率が高い。

しかし，本書の「模擬テスト」は次のような出題形式にしますので，その点はご了解下さい。

◆マーチャンダイジング

　◉次の各問の〔　　〕の部分にあてはまる最も適当なものを選択肢から選びなさい。

　① 商品予算は，売上高予算，在庫高予算，減価予算，値入高予算，仕入高予算から編成されている。ただ，〔　　〕は他の予算と異なり，他の予算が決まると，これらをもとに自動的に計算することになる。

　　° 売上高予算　　　　° 在庫高予算

　　° 値入高予算　　　　° 仕入高予算

② 2021年前期において，N店の売上原価が14,431万円，期首在庫高（原価）が3,393万円，期末在庫高（原価）が2,538万円であった。この場合，2021年前期の純仕入高（原価）は〔　　〕万円であったことになる。
　　　◦　12,783　　　　　　　　◦　13,576
　　　◦　14,092　　　　　　　　◦　15,286

③ _____
　　_____ 。

$\int$　　　　　　　$\int$

●次の各問の〔　　〕の部分にあてはまる最も適当な語句・短文を記入しなさい。

⑪ 〔　　〕とは，機能割引ともいわれ，メーカーが卸売業や小売業が果たしている機能を評価したうえで，販売価格を割り引くもので，一般に小売業よりも卸売業のほうが割引率が高い。

⑫ _____
　　_____ 。

〈制限時間〉
　ネット試験の制限時間は5科目で90分です。本書の模擬テストは「マーチャンダイジング」だけなので，(90 ÷ 5) × 1 = 18（分）とします。

模擬テスト1 (マーチャンダイジング)

〈制限時間：18分〉

◆マーチャンダイジング

（各5点×20 = 100点）

◉次の各問の〔　　〕の部分にあてはまる最も適当なものを選択肢から選びなさい。

① 〔　　〕とは，小売業が顧客に商品を販売するとき，大口顧客などから価格交渉を受け，相手の交渉力や購入量に応じて販売価格を引き下げるものである。

- マークダウン
- 売上値引
- 売上戻り
- 売上割引

② 品目Aの週当たり販売計画数量は20個，仕入単価が800円，1回当たり発注費用が300円，在庫費用率が20％であったとする。このときのEOQは約〔　　〕個である。

- 48
- 62
- 75
- 80

③ 純売上高が40,000万円，商品回転率（売価）が8回転，粗利益率が20％，売価値入率が40％であった。このとき，GMROIは約〔　　〕％である。

- 368
- 543
- 481
- 267

④ 〔　　〕分析は，買回品を主体に扱う小売業のように，商品回転率が低く，在庫資金の負担が重い業種でよく使用される。

- 粗利益貢献度
- 相乗比率貢献度
- 売上高貢献度
- 交差比率貢献度

⑤ 〔　　〕は，利益計画にもとづいてトップマネジメントが利益目標から各部門の予算を導き出して設定したものである。

　　。　割当予算　　　。　実行予算
　　。　積上予算　　　。　修正予算

⑥ 下表はある店の，2019年度〜2021年度の各月の売上高，月別の平均売上高などを示したものである。

　　下表において，8月の100％季節指数は〔　　〕％となる。

	2019年度	2020年度	2021年度	合　計	平均売上高	100% 季節指数
4月	58,000	61,000	58,000	177,000	59,000	
5月	61,000	59,000	60,000	180,000	60,000	
6月	60,000	61,000	60,500	181,500	60,500	
7月	57,000	58,500	60,000	175,500	58,500	
8月	61,000	62,000	60,000	183,000	〔　　〕	〔　　〕
9月	63,000	61,000	63,500	187,500	62,500	
10月	62,500	59,000	61,500	183,000	61,000	
11月	60,500	59,500	58,500	178,500	59,500	
12月	58,500	60,500	61,000	180,000	60,000	
1月	60,500	62,000	63,500	186,000	〔　　〕	
2月	61,500	61,000	62,000	184,500	61,500	
3月	63,500	62,500	63,000	189,000	63,000	

　　。　7.6　　　　。　7.8
　　。　8.2　　　　。　8.4

⑦ 〔　　〕は取扱商品を幅広く少量ずつ必要に応じて仕入れる方法で，仕入単価は必然的に高くなることから，収益性は低下することになる。

　　。　定期仕入　　　。　定量仕入
　　。　当用仕入　　　。　委託仕入

⑧　月初適正在庫高の算定方式のうち，週単位供給法では，月初適正在庫高（売価）は，週当たり売上高予算に，１週間の〔　　〕の逆数を掛けたものとなる。
- 粗利益率
- 商品回転率
- 在庫・販売比率
- 売価値入率

⑨　商品在庫を持ち，店舗からの発注を受けるごとにオーダーピッキングにより出荷を行う小売業の物流センターを〔　　〕という。
- ディストリビューションセンター（DC）
- トランスファーセンター（TC）Ⅰ型
- トランスファーセンター（TC）Ⅱ型
- プロセスセンター（PC）

⑩　〔　　〕とは事前出荷データのことである。商品が小売業の物流センターに入庫，あるいは納品される前に，納品予定数などを事前に小売業へ送付することで，物流センターの荷受け場での検品の作業が軽減され，作業効率を向上させることができる。
- WMS
- ABM
- ASN
- QR

●次の各問の〔　〕の部分にあてはまる最も適当な語句・短文など を記入しなさい。

⑪　粗利益率（売上総利益率）が高く，店舗の柱となるような商品 を重点商品または〔　〕などと呼んで選定している。

⑫　〔　〕とは，将来の一定期間（予算期間）における企業の目標 利益を達成するために必要な計画を，貨幣額によって示した総合 的な利益管理のことである。

⑬　販売予算差異分析については，売上高，売上総利益などについ て細分化して，予算差異分析を行う。売上総利益差異分析につい ては，売上総利益差異を販売数量差異と〔　〕に分けて分析する。

⑭　ある店では，A，B，C の 3 つの商品カテゴリーに分かれている。 各商品カテゴリーの売上高，構成比，粗利益率，商品回転率が下 表のように与えられたとき，商品カテゴリー A の交差比率貢献度 は〔　〕％ である。なお，交差比率貢献度については小数第 4 位を四捨五入しなさい。

商品カテゴリー	売上高	構成比	粗利益率	商品回転率	交差比率	積　数	交差比率貢献度
単　位	万　円	％	％	回	—	％	％
A	300	30	20	5			〔　〕
B	200	20	30	6			
C	500	50	10	4			

⑮　３月の季節指数が98.5であり，次年度の年間の総売上高を30,000万円と算出した。このとき，次年度における３月の売上高は計算上, 〔　　　〕万円となる。

⑯　売価値の仕入高予算（売価）が2,500万円であった。これを原価還元した場合, 仕入高予算（原価）は〔　　　〕万円となる。ただし，予定売価値入率は40％である。

⑰　手芸品や骨董品など非常に多くの種類の商品を少量取り扱ったり，商品回転率がかなり低く，販売までに時間がかかったりしそうな商品などは，数量による仕入管理と金額による仕入管理の接点領域に位置づけられる〔　　　〕を実施するほうが適している場合がある。

⑱　・純売上高　　　：　4,000,000 円
　　・粗利益率　　　：　20％
　　・売価値入率　　：　60％
　　・GMROI　　　：　500％

　　上記の条件にあるとき, 平均在庫高（売価）は〔　　　〕円となる。

⑲　最近注目されている〔　　〕は，発注元であるチェーンストア
の提供する販売予測データにもとづき，サプライヤーが発注元の
在庫を管理して補充納品するシステムである。これにより，発注
元チェーンストアの発注業務の手間が省け，サプライヤー側も出
荷計画の信頼性が増して出荷の安定につながる。

```



```

⑳　〔　　〕とは，市場における出荷状況に合わせて，調達，生産，
販売，物流などが連動して動く仕組みのことで，物流よりも上位
の概念・範囲を示すものである。

```



```

第1章

第2章

第3章

第4章

第5章

第6章

模擬テスト

模擬テスト 1　正解 & 解説

◆マーチャンダイジング

① 売上割引

解説　マークダウンとは値下のことである。売上割引は掛けで商品を売買した場合に生じるもので，一般消費者に対するものではない。掛けで商品を購入した業者が支払期日前に代金を支払った場合，支払期日よりも早く現金をいただいたということで，販売業者が売価に上積みしていた金利分を安くすることを，売上割引という。

② 62

解説　EOQ＝経済的発注量

$$EOQ = \sqrt{\frac{2×年間発注個数×1回当たり発注費用}{仕入単価×在庫費用率}}$$

$$年間発注個数 = 週当たり販売計画数量× 52（週）$$
$$= 20×52$$
$$= 1,040$$

$$\therefore EOQ = \sqrt{\frac{2×1,040×300}{800 × 0.2}} = \sqrt{\frac{624,000}{160}}$$
$$= \sqrt{3,900}$$
$$≒ 62（週）$$

③ 267

解説　$GMROI = \dfrac{売上総利益}{平均在庫高（原価）}$

$$= \frac{売上総利益}{純売上高} × \frac{純売上高}{平均在庫高（原価）}$$

$$= 売上総利益率×商品回転率（原価）$$

また，売上総利益＝粗利益高，売上総利益率＝粗利益率

$$\therefore GMROI = 粗利益率×商品回転率（原価）$$

$$粗利益率 = \frac{粗利益高}{純売上高} より，$$

$$0.2 = \frac{粗利益率}{40,000（万円）}$$

$$\therefore 粗利益高 = 40,000 × 0.2 = 8,000（万円）$$

次に，商品回転率 (売価) $= \dfrac{\text{純売上高}}{\text{平均在庫高 (売価)}}$

$$8 = \dfrac{40{,}000}{\text{平均在庫高 (売価)}}$$

∴平均在庫高(売価) $= 40{,}000 \div 8 = 5{,}000$ （万円）

また，売価と原価の関係は，

原価 $=$ 売価$(1 - 売価値入率)$

よって，平均在庫高(原価)と平均在庫高(売価)との関係は，

平均在庫高(原価) $=$ 平均在庫高(売価)$\{1 - 売価値入率\}$

平均在庫高(売価) $= 5{,}000$万円，売価値入率 $= 40\%$であるので，

平均在庫高(原価) $=$ 平均在庫高(売価)$\{1 - 売価値入率\}$

$= 5{,}000 \times (1 - 0.4)$

$= 5{,}000 \times 0.6$

$= 3{,}000$ （万円）

以上より，GMROI $= \dfrac{\text{粗利益高}}{\text{平均在庫高 (原価)}}$

$= \dfrac{8{,}000}{3{,}000}$

$= 2.666$

∴GMROIは約267%となる。

④ 交差比率貢献度

解説 交差比率貢献度分析が買回品を主体に扱う小売業でよく使用されるのに対し，粗利益貢献度分析は最寄品を主体に扱う小売業でよく使用される。

⑤ 割当予算

解説 積上予算はボトムアップ方式であるため，一般には割当予算より好ましいとされているが，利益計画との整合性に問題が生じることから，現実には割当予算と積上予算との折衷的な予算編成方式を採用することが多い。

⑥　8.4

解説　100% 季節指数 $= \dfrac{\text{各月の平均売上高}}{\text{各月の平均売上高の合計}}$

　8月の平均売上高と1月の平均売上高が与えられた表の中に記入されていないので、これらをまず計算する。

　8月の平均売上高 $= \dfrac{8\text{月の合計}}{3} = \dfrac{183{,}000}{3} = 61{,}000$

　1月の平均売上高 $= \dfrac{1\text{月の合計}}{3} = \dfrac{186{,}000}{3} = 62{,}000$

∴ 各月の平均売上高の合計

$= 59{,}000 + 60{,}000 + 60{,}500 + 58{,}500 + 61{,}000 + 62{,}500$
$\quad + 61{,}000 + 59{,}500 + 60{,}000 + 62{,}000 + 61{,}500 + 63{,}000$
$= 728{,}500$

∴ 100% 季節指数 $= \dfrac{8\text{月の平均売上高}}{\text{各月の平均売上高の合計}} = \dfrac{61{,}000}{728{,}500}$

$\qquad\qquad\qquad\qquad\qquad\qquad\quad \fallingdotseq 0.084$

以上より、8月の 100% 季節指数は 8.4%

⑦　当用仕入

解説　当用仕入は収益性が低下することから、なるべく定期仕入を行うとよい。ただ、定期仕入を行うためには、売れ残りや品切れが起こらないように仕入数量を前もって割り出す必要がある。定期仕入を行うと仕入先との関係も安定することから、仕入価格の引下げも行いやすいものとなる。

⑧　商品回転率

解説　週単位供給法（週間供給法）の月初適正在庫高（売価）の求め方は次の通りである。

　　月初適正在庫高（売価）

$$= \text{週当たり売上高予算} \times \frac{52}{\text{年間予定商品回転率}}$$

なお、$\dfrac{52}{\text{年間予定商品回転率}}$ は、1週間の商品回転率の逆数を示している。

⑨　ディストリビューションセンター（DC）

　　解説　オーダーピッキングとは，発注されたオーダー単位でピッキングを行うこと。

　　　トランスファーセンター（TC）Ⅰ型とⅡ型があるが，この違いは納品方法の違いである。TCⅠ型の場合，トランスファーセンターに納品する前に事前に納品先別に仕分けされているパターンのもの，TCⅡ型の場合，トランスファーセンターに納品後に納品先別に仕分けするパターンのものをいう。

⑩　ASN

　　解説　ASN は「Advanced Shipping Notice」の略語である。
　・WMS は「Warehouse Management System」の略語で，「倉庫管理システム」のこと。
　・ABM は「Activity Based Management」の略語で，「活動基準管理」のこと。
　・QR は「Quick Response」の略語。

⑪　戦略商品

　　解説　仕入担当者や売場担当者は，重点商品（戦略商品）や基幹商品（ベストセラー商品）については欠品を起こさないように，きめ細かく在庫数量を調整することが肝要となる。

⑫　予算管理

　　解説　ハンドブックは，予算管理について「期初の計画と期末の実績を把握し，分析する活動のこと。この分析を踏まえて現場にフィードバックし，戦略や活動の修正を促す PDS サイクルの一連の活動をいう」と述べている。

⑬　利益額差異

　　解説　売上総利益差異分析は，売上総利益差異を，販売数量差異と利益額差異に分けて分析する。すなわち，本文で示したように，
　・販売数量差異＝（実際販売数量－予算販売数量）×予算単位利益
　・利益額差異＝（実際単位利益－予算単位利益）×実際販売数量

⑭　34.9

解説　表を完成させると，下表のようになる。

商品カテゴリー	売上高	構成比	粗利益率	商品回転率	交差比率	積　数	交差比率貢献度
単　位	万　円	％	％	回	－	％	％
A	300	30	20	5	100	30	34.9
B	200	20	30	6	180	36	41.9
C	500	50	10	4	40	20	23.3

$$交差比率 = 粗利益率 \times 商品回転率 = \frac{粗利益高}{売上高} \times \frac{売上高}{平均在庫高}$$

$$= \frac{粗利益高}{平均在庫高}$$

∴商品カテゴリー A の交差比率 = 20 × 5 = 100
　商品カテゴリー B の交差比率 = 30 × 6 = 180
　商品カテゴリー C の交差比率 = 10 × 4 = 40

積数 = 構成比 × 交差比率
∴商品カテゴリー A の積数 = 0.3 × 100 = 30（％）
　商品カテゴリー B の積数 = 0.2 × 180 = 36（％）
　商品カテゴリー C の積数 = 0.5 × 40 = 20（％）
　　　　　　　　　合計の積数 = 86（％）

$$交差比率貢献度 = \frac{各カテゴリーの積数}{合計の積数}$$

∴商品カテゴリー A の交差比率貢献度 = $\frac{30}{86}$ = 0.3488

　商品カテゴリー B の交差比率貢献度 = $\frac{36}{86}$ = 0.4186

　商品カテゴリー C の交差比率貢献度 = $\frac{20}{86}$ = 0.2325

　　小数第 4 位を四捨五入すると，
　商品カテゴリー A の交差比率貢献度 = 0.349
　商品カテゴリー B の交差比率貢献度 = 0.419
　商品カテゴリー C の交差比率貢献度 = 0.233

⑮　2,462.5

解説　年間の総売上高を 30,000 万円と算出したので,

月平均の売上高 ＝ 30,000 ÷ 12 ＝ 2,500（万円）

よって,3 月の売上高を x とおくと,次式が成立する。

$$2,500 : x = 100 : 98.5$$
$$100x = 246,250$$
$$\therefore x = 2,462.5 \text{（万円）}$$

なお,2023 年の売上高とは,2023 年 1 月〜2023 年 12 月の間の売上高の合計額をいう。一方,2023 年度の売上高とは,2023 年 4 月〜2024 年 3 月の間の売上高の合計額をいう。

⑯　1,500

解説　本文で説明したように,仕入原価,売価,売価値入率の関係は次の通りである。

$$\text{売価値入率} = \frac{\text{売価} - \text{仕入原価}}{\text{売価}}$$

売価値入率 × 売価 ＝ 売価 − 仕入原価

仕入原価 ＝ 売価 − 売価値入率 × 売価

＝ 売価（1 − 売価値入率）

したがって,仕入予算（原価）と仕入予算（売価）の関係は次のようになる。

仕入予算（原価）＝ 仕入予算（売価）（1 − 売価値入率）

また,この場合,売価値入率は正確にいえば,予定売価値入率となるので,次式となる。

仕入予算（原価）＝ 仕入予算（売価）（1 − 予定売価値入率）

題意より,仕入予算（売価）＝ 2,500（万円）

予定売価値入率 ＝ 40％

$$\therefore \text{仕入予算（原価）} = 2,500 \times (1 - 0.4)$$
$$= 2,500 \times 0.6$$
$$= 1,500 \text{（万円）}$$

⑰　視覚による仕入管理

解説　手芸品や骨董品などの商品は，ベテランの仕入担当者が販売動向に応じて仕入金額や数量を決めたほうがスムースにいくことが多い。また，実際には，金額と数量のどちらか一方だけによる仕入管理や販売管理が行われることはなく，両者の利点を相互に補い合う方法で運用している。

⑱　400,000

解説　計算式は次のようになる。

$$\text{GMROI} = \frac{\text{粗利益}}{\text{平均在庫高（原価）}}$$

$$\begin{aligned}
\text{粗利益} &= \text{純売上高} \times \text{粗利益率} \\
&= 4,000,000 \times 0.2 \\
&= 800,000 \ \text{（円）}
\end{aligned}$$

$$\text{平均在庫高（原価）} = \frac{\text{粗利益}}{\text{GMROI}} = \frac{800,000}{500\%} = \frac{800,000}{5} = 160,000 \ \text{（円）}$$

$$\text{平均在庫高（売価）} = \frac{\text{平均在庫高（原価）}}{1 - \text{売価値入率}}$$

$$= \frac{160,000}{1 - 0.6} = 400,000 \ \text{（円）}$$

㊟ GMROI に関する問題なので，「売上高」と問題文に表記されていても，この「売上高」は「純売上高」のことと判断するとよい。

⑲　JITⅡ

解説　JIT（ジャストイン）物流とは，「必要な時に，必要なものを，必要な量だけ」届ける配送システムのことである。そして，この「必要な分だけの配送」が多頻度小口配送へと発展していった。

⑳　ロジスティクス

解説　ロジスティクスは元々軍事用語であり，日本語訳は「兵站（へいたん）」。兵站とは，戦場の後方にあって，物資，兵員の補給などにあたる機関をいう。これをビジネスの分野にあてはめると，市場という戦場に対応して，生産，販売，物流などを最適化するということになる。

模擬テスト 2 (マーチャンダイジング)

〈制限時間：18分〉

◆マーチャンダイジング

（各 5 点 × 20 ＝ 100 点）

◉次の各問の〔　　〕の部分にあてはまる最も適当なものを選択肢から選びなさい。

① 〔　　〕はわざわざ店舗を選択する要因となっている目的来店性の強いカテゴリーであり，利益を伸ばすためのすべてのカテゴリーの牽引車である。

- ○ ルーティーンカテゴリー
- ○ オケージョナルカテゴリー
- ○ デスティネーションカテゴリー
- ○ コンビニエンスカテゴリー

② 売上総利益の増加要素としては，まず，「平均販売単価の計画的引上げ」「販売数量の計画的増大化」の 2 つが考えられる。このほかとしては〔　　〕などが考えられる。

- ○ 「売上値上，売上戻りの増加」「売上原価の計画的引上げ」
- ○ 「仕入値引，仕入戻しの増加」「売上原価の計画的引上げ」
- ○ 「在庫高の合理的抑制」「売上値引，売上戻りの抑制」
- ○ 「売上原価の計画的引下げ」「在庫高の計画的増大化」

③ 総商圏人口が 50 万人，商圏カバー率が 20％，見込来店回数が 3.0，見込購買回数が 70％，平均購買単価が 1,200 円のとき，年間売上高は〔　　〕万円である。

- ○ 25,200　　○ 38,400
- ○ 42,500　　○ 32,600

④　利益計画において，一定期間に達成すべき目標利益は，過去の実績利益や同業他社との標準値の比較などを基礎として算出するが，〔　　〕と資本回転率の積である資本利益率を設定基準とする方法が望ましいとされている。

- 売上高利益率
- 商品回転率
- 売上債権利益率
- 売上債権回転率

⑤　販売予測の長期傾向変動の分析手法の1つとして，〔　　〕がある。この手法は，時系列データの期間を2つに分けて，それぞれの部分のデータの平均値を求め，その2つの平均値をグラフ上にプロットして直線で結び，傾向をつかむものである。

- 目安法
- 移動平均法
- 両分法
- 最小自乗法

⑥　予算販売数量，予算販売価格，実際販売数量，実際販売価格が下表のとき，販売数量差異と販売価格差異の合計値は〔　　〕円である。

	予　算	実　際
販売数量	800	1,000
販売価格	1,400	1,200

- 80,000
- 100,000
- －80,000
- －100,000

⑦　P店を調べたところ，次のことが判明した。

・総売上高：20,150万円

・その際の売上戻り：125万円

・季節の進行や流行の推移などを考慮した結果の値下げ：73万円

・販売員購入分や特定得意先の購入に対する割引：38万円

・当該月の予定平均売上総利益率（売価値入率）：40％

　このとき，P店の売上原価は〔　　〕万円となる。ただし，端数が生じた場合，千円以下を四捨五入しなさい。

- 11,538
- 11,948
- 12,352
- 12,604

⑧ 〔　　〕は商品投下資本粗利益率のことで，粗利益率と在庫投資回転率を掛け合わせたものである。

- ○　ROA
- ○　ABC
- ○　ROI
- ○　GMROI

⑨　小売業の物流システムの形態にはいくつかあるが，このうち，コンビニエンスチェーンによる〔　　〕は温度帯別，商品カテゴリー別に指定された時間通りに配送するシステムのことで，これにより，納品車両を大幅に削減できる。

- ○　一括統合システム
- ○　共同配送システム
- ○　窓口問屋制
- ○　納品代行システム

⑩　〔　　〕の物流センターは，「青果，鮮魚，精肉」を扱う生鮮センター，「惣菜，日配品」を扱うチルドセンター，「加工食品，菓子，雑貨」を扱うドライセンター，「冷凍食品」を扱う冷凍センターの4つに大別される。

- ○　百貨店
- ○　ホームセンター
- ○　スーパーマーケット
- ○　コンビニエンスストア

◉次の各問の〔　　　〕の部分にあてはまる最も適当な語句・短文など
を記入しなさい。

⑪　流行商品の一般的な特性としては，「流行商品は定番商品に比べ
ると，価格水準は高く，同一カテゴリーに属する〔　　　〕の幅が
大きい」，「流行商品は手づくりによる商品が多く，労働集約性が
高いこと」などが挙げられる。

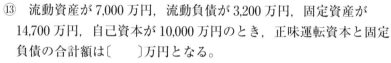

⑫　損益予算は，売上高予算，販売費予算，一般管理費予算などから
構成される。販売費予算は売上高予算を実現するために必要となる
費用に関する予算で，販売費予算と一般管理費予算をあわせて〔　　　〕
という。

⑬　流動資産が 7,000 万円，流動負債が 3,200 万円，固定資産が
14,700 万円，自己資本が 10,000 万円のとき，正味運転資本と固定
負債の合計額は〔　　　〕万円となる。

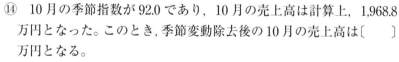

⑭　10 月の季節指数が 92.0 であり，10 月の売上高は計算上，1,968.8
万円となった。このとき，季節変動除去後の 10 月の売上高は〔　　　〕
万円となる。

第1章
第2章
第3章
第4章
第5章
第6章
模擬テスト

⑮ 〔 　 〕は販売予測の長期傾向変動の分析方法の1つで，販売傾向をグラフ上ではなく方程式によって把握する方法である。過去のデータと計算値との間の誤差の2乗の和が最小になるような方程式を求める方法である。

⑯ ある店舗の商品カテゴリー別の販売目標額，販売高構成比，粗利益率は表1のようになっていた。

しかし，本店の指示により平均粗利益率を21.0％に引き上げることになった。商品カテゴリーA，Dの販売目標額をそのままにして，平均粗利益率を21.0％にするためには，商品カテゴリーBとCの販売目標額などをどのように修正したらよいか。ただし，全体の販売目標額は変わらないものとする。

このとき，表2「修正した商品カテゴリー別販売目標額等」の〔　ア　〕に適当な数字を記入しなさい。

表1　商品カテゴリー別販売目標額等

商品カテゴリー	販売目標額	販売高構成比	粗利益率
A	2,000万円	20 %	10 %
B	4,000	40	15
C	3,000	30	25
D	1,000	10	30

表2　修正した商品カテゴリー別販売目標額等

商品カテゴリー	販売目標額	販売高構成比	粗利益率
A	2,000万円	20 %	10 %
B	〔　ア　〕	〔　イ　〕	15
C	〔　ウ　〕	〔　エ　〕	25
D	1,000	10	30

⑰　M店を調べたところ，次のことが判明した。
・当月売上高予算　　：280万円
・年間売上高予算　　：4,800万円
・年間予定商品回転率：8回転

　このとき，百分率変異法によってM店の月初適正在庫高を計算すると，〔　　〕万円となる。

⑱　〔　　〕では，横軸に売上高の多い品目から順に並べ，縦軸に累積売上高構成比を示す。そして，総売上高の約70％を占める品目をAランク，20〜25％程度を占める品目をBランク，5〜10％程度を占める品目をCランクと区分する。

⑲　〔　　〕とは，荷主企業に対して物流システムの改革などを提案し，物流システムの設計，構築から運営・管理までを受託することをいう。

⑳　複数の企業が共同で物流施設を利用する場合，企業が顧客に対してどのような物流サービスを行っているかにより，物流施設の作業負荷に大きな格差が生じることになる。したがって，〔　　〕により物流コストを算定することで，作業負荷に応じた利用料金を算定できることになる。

模擬テスト2　正解 & 解説

得点 ／ 100点

◆マーチャンダイジング

① デスティネーションカテゴリー

解説　計画的購買商品群のことを「デスティネーションカテゴリー」という。つまり，「計画的購買商品群」を覚えているわけで OK と考えてはいけない。必需的購買商品群は「ルーティーンカテゴリー」，時期的購買商品群は「オケージョナルカテゴリー」，補完的購買商品群は「コンビニエンスカテゴリー」という。

② 「在庫高の合理的抑制」「売上値引，売上戻りの抑制」

解説　売上総利益の増加要素としては，これらのほかに，「仕入値引，仕入戻しの合理的増加」「売上原価の計画的引下げ」が考えられる。

③ 25,200

解説　年間売上高＝平均購買単価×総商圏人口×商圏カバー率
　　　　　　　　　×見込来店回数×見込購買回数
上記に与えられた値を代入すると，
年間売上高＝1,200×50（万人）×0.2×3.0×0.7
　　　　　＝25,200（万人）

④ 売上高利益率

解説　本文で述べたように，目標利益は次式をもとに決まるのが望ましいとされている。
　　　　　売上高利益率×資本回転率＝資本利益率
　本問では，資本回転率と資本利益率が与えられているので，売上高利益率を x とすると，
　　　　　x ×資本回転率＝資本利益率
　　　　　$x \times \dfrac{売上高}{資本} = \dfrac{利益}{資本}$
　よって，$x = \dfrac{利益}{売上高}$

なぜなら，$\dfrac{売上高}{資本}$ の「売上高」を消すには，$\dfrac{}{売上高}$ が必要となる。

244

⑤　両分法

解説　「販売予測の長期傾向変動の分析方法」は，記述式穴埋問題でも出題される。両分法が記述式穴埋問題で出題された場合，〔　　〕になる箇所は「平均値」である。

⑥　80,000

解説　与えられた表をもとに図示してみると，下図となる。

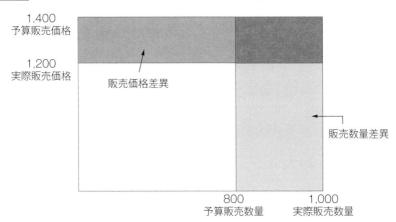

◦ 販売数量差異＝予算販売価格×（実際販売数量－予算販売数量）
$$= 1,400 \times (1,000 - 800)$$
$$= 1,400 \times 200$$
$$= 280,000$$

◦ 販売価格差異＝実際販売数量×（実際販売価格－予算販売価格）
$$= 1,000 \times (1,200 - 1,400)$$
$$= 1,000 \times (-200)$$
$$= -200,000$$

∴販売数量差異＋販売価格差異＝ 280,000 ＋（－ 200,000）
$$= 280,000 - 200,000)$$
$$= 80,000$$

⑦　11,948

解説　まず，純売上高を計算する。

純売上高＝総売上高－売上戻り－値下げ－割引
$$= 20,150 - 125 - 73 - 38$$
$$= 19,914（万円）$$

第１章
第２章
第３章
第４章
第５章
第６章
模擬テスト

$$売上原価 = 純売上高 \times (1 - 売価値入率)$$
$$= 19{,}914 \times (1 - 0.4)$$
$$= 19{,}914 \times 0.6$$
$$= 11{,}948.4$$

千円以下を四捨五入すると,

$$売上原価 = 11{,}948 （万円）$$

⑧ GMROI

[解説] 計算式は次の通りである。

$$GMROI = \frac{売上総利益}{在庫投資額（原価）} \times 100$$

$$= \frac{売上総利益}{売上高} \times \frac{売上高}{在庫投資額（原価）} \times 100$$

$$= 粗利益率 \times 在庫投資回転率$$

⑨ 共同配送システム

[解説] これに関してハンドブックは,「こうした集約型共同配送システムの導入によって,通常の配送車両,保冷（温）車別の効率的な積載と運行が可能となり,納品車両の劇的な削減を実現している」と述べている。

⑩ スーパーマーケット

[解説] コンビニエンスの物流システムについては,同業界が一括物流の導入に最も早く取り組んだことが挙げられる。その後,スーパーマーケット業界では加工食品部門から日用雑貨部門へと一括物流の取扱範囲を広げた。

ホームセンター業界でも一括物流が導入されているが,卸売業は注文を受けた全店分をまとめて一括物流センターに納品している。そのため,一括物流センターで店別,かつ棚（カテゴリー）別に仕分けがされることになる。

⑪　品目間で価格差

　解説　このほかで，〔　　〕が設けられる可能性が高いのは「労働集約性」である。これに関して，ハンドブックは，「裁断や接合などの工程に機械設備が導入されていても，仕上げは人手による商品が多くを占めている」と述べている。

⑫　営業費予算

　解説　売上高予算は予算編成において出発点となるものである。販売費予算は，その性格により販売履行費と販売獲得費に分けて考える必要がある。前者には商品の荷造費，運送費，保管費などがあり，後者には広告宣伝費，販売員の旅費，交際費などがある。

⑬　12,300

　解説　正味運転資本は次式で示される。

　　　正味運転資本＝流動資産－流動負債
　　　　　　　　　　＝（固定負債＋自己資本）－固定資産

　　よって，正味運転資本＝流動資産－流動負債より

　　　　　　　　　　　＝ 7,000 － 3,200
　　　　　　　　　　　＝ 3,800

　　また，正味運転資本＝（固定負債＋自己資本）－固定資産より

　　　　　　　3,800 ＝（固定負債＋ 10,000）－ 14,700
　　　　　　　3,800 ＝固定負債＋ 10,000 － 14,700
　　　　　固定負債＝ 3,800 － 10,000 ＋ 14,700
　　　　　　　　　＝ 8,500

　　以上より，正味運転資本＋固定負債＝ 3,800 ＋ 8,500
　　　　　　　　　　　　　　　　　　　＝ 12,300（万円）

⑭　2,140

　解説　「季節変動除去後の売上高」とは，各月の季節指数（たとえば 92.0）を 100 に変えたときの売上高をいう。

　10 月の季節指数が 92.0 で，10 月の売上高が計算上，1,968.8 万円となったので，季節変動除去後の 10 月の売上高を x とすると，次式が成立する。

$$x : 1968.8 = 100 : 92.0$$
$$92x = 196{,}880$$
$$x = \frac{196{,}880}{92} = 2{,}140 \ （万円）$$

⑮　最小自乗法

　解説　最小自乗法は統計学や計量経済学などでもよく使用されるもので，応用領域は広い。最小自乗法は誤差の2乗の和を最小にすることで，最も確かな関係式を求める方法で，直線傾向で求める一次方程式と曲線傾向で求める二次方程式などがある。最小二乗法ともいう。

⑯　1,500

　解説　まずは，相乗比率を計算しなければならない。

商品カテゴリー	販売目標額	販売高構成比	粗利益率	相乗比率
A	2,000万円	20 %	10 %	2.0 %
B	4,000	40	15	6.0
C	3,000	30	25	7.5
D	1,000	10	30	3.0
計	10,000	100	18.5 ←	18.5 ←

　・相乗比率＝販売高構成比×粗利益率
よって，商品カテゴリーAの相乗比率＝ 0.2 × 0.1 ＝ 0.02
　　　B，C，Dについても同様に計算する。
　　　平均粗利益率＝ A ～ Dの相乗比率を合計したもの
よって，平均粗利益率＝ 2.0 ＋ 6.0 ＋ 7.5 ＋ 3.0 ＝ 18.5
　　次に，「商品カテゴリー A，Dの販売目標額をそのままにして」と書いてあるので，商品カテゴリー A，Dの販売高構成比もそのままとなる。よって，商品カテゴリー A，Dの相乗比率は上表と同じく，2.0％，3.0％となる。
　　平均粗利益率を 18.5％から 21.0％に引き上げなくてはならないので，
　　21.0 － (2.0 ＋ 3.0) ＝ 21.0 － 5.0 ＝ 16.0
　　つまり，平均粗利益率を 21.0％に引き上げるためには，商品カテゴリーBとCの相乗比率の合計が 16.0％でなければならない。
　　そこで，商品カテゴリーBの販売高構成比を x％とすると，商品カテゴリーCの販売高構成比は (70 － x)％となる。なぜなら，当初，

商品カテゴリーBの販売高構成比は40%，商品カテゴリーCの販売高構成比は30%で，合計で40＋30＝70(%)であった。よって，$x+(70-x)=70$（%）となる。したがって，次式が成立する。

$$x \times 0.15 + (70-x) \times 0.25 = 16.0$$
$$0.15x + 17.5 - 0.25x = 16.0$$
$$0.25x - 0.15x = 17.5 - 16.0$$
$$0.1x = 1.5$$
$$x = 15$$

以上より，〔イ〕＝15　〔エ〕は，70－15＝55より，〔エ〕＝55
〔ア〕は，10,000×0.15＝1,500より，〔ア〕＝1,500
〔ウ〕は，10,000×0.55＝5,500より，〔ウ〕＝5,500

⑰　510

解説　計算式は次のようになる。

$$月初適正在庫高 = 年間平均在庫高 \times \frac{1}{2}\left(1 + \frac{当月売上高予算}{月平均売上高予算}\right)$$

$$年間平均在庫高 = \frac{年間売上高予算}{年間予定商品回転率}$$
$$= \frac{4,800}{8}$$
$$= 600（万円）$$

$$月平均売上高予算 = \frac{年間売上高予算}{12}$$
$$= \frac{4,800}{12}$$
$$= 400（万円）$$

以上より，

$$月初適正在庫高 = 600 \times \frac{1}{2}\left(1 + \frac{280}{400}\right)$$
$$= 600 \times \frac{1}{2}（1 + 0.7）$$
$$= 600 \times 0.85$$
$$= 510（万円）$$

⑱　ABC 分析

解説　ABC 分析では，右図のように，横軸に売上高の多い品目から順に並べ，縦軸に累積売上高構成比を示す。

また，右図では，B ランクは 20 % を占める品目，C ランクは 10 % を占める品目としている。

なお，図中の曲線の形は，各品目の売上に違いが小さくなるほど，45 度の直線に近づくことになる。

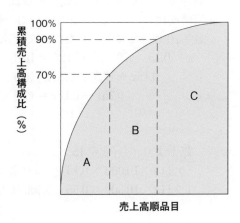

累積売上高構成比（%）

100%
90%
70%

A　B　C

売上高順品目

⑲　サードパーティ・ロジスティクス

解説　荷主企業が物流の管理を行うことを，1PL（ファーストパーティ・ロジスティクス），物流事業者が荷主企業から物流業務を一部受託することを 2PL（セカンドパーティ・ロジスティクス）という。

⑳　物流 ABC

解説　物流 ABC によるコスト算定を行うことのメリットとしては，次の 4 つがある。
・物流を改善し，物流コストを下げる
・現場の無駄を発見する
・物流サービスのコストを計算し，小売業別に採算を分析する
・共同物流施設の利用料金を公平に設定する

スイスイうかる 販売士(リテールマーケティング)1級 問題集 part2

2023年3月14日　初版　第1刷発行

編　　　　集	T A C 販 売 士 研 究 会
著　　　　者	中　　谷　　安　　伸
発　行　者	多　　田　　敏　　男
発　行　所	T A C 株式会社　出版事業部
	（TAC出版）

〒 101-8383
東京都千代田区神田三崎町 3-2-18
電 話 03(5276)9492(営業)
FAX 03(5276)9674
https://shuppan.tac-school.co.jp

組　　　　版	有 限 会 社 文 字 屋
印　　　　刷	日 新 印 刷 株 式 会 社
製　　　　本	株 式 会 社 常 川 製 本

© TAC 2023　　Printed in Japan

ISBN 978-4-8132-9961-5
N.D.C. 338

TAC出版 書籍のご案内

TAC出版では、資格の学校TAC各講座の定評ある執筆陣による資格試験の参考書をはじめ、資格取得者の開業法や仕事術、実務書、ビジネス書、一般書などを発行しています!

TAC出版の書籍
*一部書籍は、早稲田経営出版のブランドにて刊行しております。

資格・検定試験の受験対策書籍

- ✪日商簿記検定
- ✪建設業経理士
- ✪全経簿記上級
- ✪税 理 士
- ✪公認会計士
- ✪社会保険労務士
- ✪中小企業診断士
- ✪証券アナリスト

- ✪ファイナンシャルプランナー(FP)
- ✪証券外務員
- ✪貸金業務取扱主任者
- ✪不動産鑑定士
- ✪宅地建物取引士
- ✪賃貸不動産経営管理士
- ✪マンション管理士
- ✪管理業務主任者

- ✪司法書士
- ✪行政書士
- ✪司法試験
- ✪弁理士
- ✪公務員試験(大卒程度・高卒者)
- ✪情報処理試験
- ✪介護福祉士
- ✪ケアマネジャー
- ✪社会福祉士　ほか

実務書・ビジネス書

- ✪会計実務、税法、税務、経理
- ✪総務、労務、人事
- ✪ビジネススキル、マナー、就職、自己啓発
- ✪資格取得者の開業法、仕事術、営業術
- ✪翻訳ビジネス書

一般書・エンタメ書

- ✪ファッション
- ✪エッセイ、レシピ
- ✪スポーツ
- ✪旅行ガイド (おとな旅プレミアム/ハルカナ)
- ✪翻訳小説

書籍の正誤に関するご確認とお問合せについて

書籍の記載内容に誤りではないかと思われる箇所がございましたら、以下の手順にてご確認とお問合せをしてくださいますよう、お願い申し上げます。

なお、正誤のお問合せ以外の**書籍内容に関する解説および受験指導などは、一切行っておりません。**
そのようなお問合せにつきましては、お答えいたしかねますので、あらかじめご了承ください。

1 「Cyber Book Store」にて正誤表を確認する

TAC出版書籍販売サイト「Cyber Book Store」の
トップページ内「正誤表」コーナーにて、正誤表をご確認ください。

CYBER TAC出版書籍販売サイト
BOOK STORE

URL：https://bookstore.tac-school.co.jp/

2 1の正誤表がない、あるいは正誤表に該当箇所の記載がない ⇒下記①、②のどちらかの方法で文書にて問合せをする

★ご注意ください★

お電話でのお問合せは、お受けいたしません。

①、②のどちらの方法でも、お問合せの際には、「お名前」とともに、

「対象の書籍名（○級・第○回対策も含む）およびその版数（第○版・○○年度版など）」
「お問合せ該当箇所の頁数と行数」
「誤りと思われる記載」
「正しいとお考えになる記載とその根拠」

を明記してください。

なお、回答までに1週間前後を要する場合もございます。あらかじめご了承ください。

① ウェブページ「Cyber Book Store」内の「お問合せフォーム」より問合せをする

【お問合せフォームアドレス】

https://bookstore.tac-school.co.jp/inquiry/

② メールにより問合せをする

【メール宛先　TAC出版】

syuppan-h@tac-school.co.jp

※土日祝日はお問合せ対応をおこなっておりません。
※正誤のお問合せ対応は、該当書籍の改訂版刊行月末日までといたします。

乱丁・落丁による交換は、該当書籍の改訂版刊行月末日までといたします。なお、書籍の在庫状況等により、お受けできない場合もございます。

また、各種本試験の実施の延期、中止を理由とした本書の返品はお受けいたしません。返金もいたしかねますので、あらかじめご了承くださいますようお願い申し上げます。

（2022年7月現在）